LUODALI XIE GEI HAIZI DE RENLEI JIANSHI

罗大里写给孩子的
人类简史

[意] 贾尼·罗大里 著　[意] 保罗·卡尔多尼 绘
赵文伟 译

接力出版社
Publishing House

桂图登字：20-2017-229

图书在版编目（CIP）数据

罗大里写给孩子的人类简史 /（意）贾尼·罗大里著;（意）保罗·卡尔多尼绘；赵文伟译. —南宁：接力出版社，2017.9（2024.6重印）
ISBN 978-7-5448-5039-1

Ⅰ.①罗… Ⅱ.①贾… ②保… ③赵… Ⅲ.①社会发展史–青少年读物 Ⅳ.①K02-49

中国版本图书馆CIP数据核字（2017）第197278号

责任编辑：陈　邕　　装帧设计：许继云　　责任校对：杜伟娜
责任监印：刘　冬　　版权联络：王彦超
社长：黄　俭　　总编辑：白　冰
出版发行：接力出版社　　社址：广西南宁市园湖南路9号　　邮编：530022
电话：010-65546561（发行部）　　传真：010-65545210（发行部）
网站：http://www.jielibj.com　　电子邮箱：jieli@jielibook.com
经销：新华书店　　印制：唐山嘉德印刷有限公司
开本：710毫米×1000毫米　1/16　　印张：11.75　　字数：120千字
版次：2017年9月第1版　　印次：2024年6月第9次印刷
印数：64 001—70 000册　　定价：39.80元

质量服务承诺：如发现缺页、错页、倒装等印装质量问题，可直接联系本社调换。
服务电话：010-65545440

我不是历史学家，其实，作为一个童话讲述者，我和历史学家似乎相去甚远。职业历史学家不像童话讲述者那样，关心日报的受众、图画周刊的读者和孩子们。这就需要一个中间人，比如，一名记者，他以尽可能严肃的态度阅读历史学家们的书籍，并以尽可能简明的方式将要旨讲述给他人。

——贾尼·罗大里

目 录

第八章 人类解放

附录 坐看云卷云舒：我眼中近半个世纪人类历史的侧影

编者的话

1958年，罗大里在《新路》周刊上连载了这部《人类简史》[①]。

贾尼·罗大里（1920—1980），意大利现代著名儿童文学作家和诗人。他出生于意大利瓦雷泽省小镇奥梅尼亚，父亲是面包师，母亲做过女工和女仆，他本人曾做过小学教师，后进入大学深造。第二次世界大战期间参加反法西斯斗争，1944年加入意大利共产党，战后长期担任记者和儿童副刊的编辑，办过儿童杂志。他常常收到大量小朋友的来信，就以多种方式在报纸上回答他们提出的问题，受到儿童及家长的欢迎，与孩子们建立了深厚的感情，就此开始为孩子们写诗和童话故事。

一般说来，童话故事忌讳政治倾向，但是在罗大里最具代表性的童话作品中，恰恰有着强烈的政治倾向，这是基于作家本人的政治态度。罗大里是一个旗帜鲜明的左翼作家，他认为童话是认识世界的武器，又是发展想象力和研究生活的手段，应当用旧童话的形式来谈今天的事情。

但是，鲜明的政治倾向并没有伤害罗大里的作品对孩子们的吸引力。他的童话题材多来自日常生活中的平凡事物，加上他奇巧的构思、绝妙的想象、诙谐的笔调，使作品兼具奇异荒诞、诙谐滑稽的特色，同时又有很强的游戏性和娱乐性，受到许多国家和地区儿童的喜爱。1970年，罗大里因其对儿童文学所做出的卓越贡献而获得国际安徒生奖。

不管世事如何变化，罗大里始终是个充满热情的理想主义者，他从未放弃过自己的信念。有些人出于审慎，称之为“他的乌托邦”——他们宁愿大家只记得那个童话作者，那个《幻想的文法》的作者，那个享誉全球的儿童文学作家。然而，鲜为人知的是，他的非文学类作品一样优秀。贾尼·罗大里是一个真正的、全面的作家，他渴望被作为一个整体来评价和

① 本书原名《人类简史》，简体中文版推出时，取名为《罗大里写给孩子的人类简史》。——编者注

记忆，他对指责他有“偏见”的人给出了回应：

没有一个诚实的人会放弃诚实，他们会自然而然地将自己的观点、自己的信念注入自己的一举一动之中。我们生活在一个风起云涌的变革时代……我从没打算过做宣传，我认为，我从未纯粹出于算计写过任何东西。我从未事先想到过“我要教给大家这个”。寓意全是事后得出来的，和读者完全一样。

罗大里的《人类简史》完成于1958年，自那时起到现在，已经过去了半个多世纪。2004年，本书推出新版之际，为了让这部作品更加完整，出版方特别邀请意大利当代著名剧作家、1997年诺贝尔文学奖得主达里奥·福[①]，以充满激情的大手笔勾勒出他所经历的近半个世纪人类历史的风云变幻，这部分内容以附录的形式在本书的最后一部分得以呈现。

正如达里奥·福在文中所言：

不要停留在事物表面，把它们颠倒过来，咀嚼它们，闻一闻，嗅一嗅。永远不要满足于一个版本。

无论如何，你们都会在接下来的书页中发现：一个诚实且有倾向的人，一个20世纪最重要的作家之一所提供的有关人类历史的独特的“版本”，值得了解一下。况且，最后的评判权在你们手中。祝阅读愉快！

---

① 达里奥·福（1926—2016），意大利剧作家、导演和演员。他共有五十余部作品广为流传，并于1997年荣获诺贝尔文学奖。“因为他继承了中世纪喜剧演员的精神，贬斥权威，维护被压迫者的尊严。”——译者注

第一章

从人类起源到早期文明

关于人类起源的故事众说纷纭，各不相同，如果把所有这些故事汇集成册，绝对会是一本厚厚的大书，值得在晚间披着睡衣仔细阅读。以希腊人为例，他们认为（但不可全信），最初，人是由克洛诺斯[①]和提坦诸神[②]创造出来的，为的是故意跟众神之王宙斯作对。最早的人类全部为男性。

① 希腊神话中的第二代众神之王，原为第一代神王乌拉诺斯和神后盖娅的儿子，提坦十二神中最年轻的一个。——译者注

② 希腊神话中曾统治世界的古老的神族，这个家族是乌拉诺斯和盖娅的子女，他们曾统治世界。——译者注

关于人类起源的各种传说

提坦神族的后代普罗米修斯从天神那里盗取了火种。天神们为了惩罚他和他的全族，创造了第一个女人。一场大洪水过后，所有人都淹死了，只剩下两个幸存者：丢卡利翁（普罗米修斯和普罗诺亚之子）和他的妻子皮拉。这两个可怜人十分孤单，伤心至极，宙斯都被他们感动了，下令允许他们可以再创造其他的男人和女人。

这对夫妻边走边朝身后扔石头：丢卡利翁扔出的石头变成了男人，皮拉扔出的石头变成了女人。

根据非洲小国加蓬的俾格米人的传说，创造人类的是克姆玉姆神，他把关在恩库拉坚果（一种杏仁）里的人放出来。克姆玉姆在大海里游泳，随手把坚果扔到海滩上，每个坚果里都蹦出一个俾格米人。

美国内布拉斯加州的印第安部落认为，是他们心中最重要的神——提拉瓦——最先创造了女人，但第一个女人看上去有点不开心，还好有聪明的月神建议，提拉瓦又创造了男人。

澳大利亚的蒂埃里部落认为，最早的动物们都来自一个大湖，它们集体奋力上岸，但终因力量枯竭而昏死过去。太阳出来赋予它们能量，它们重新站起来，并向各个方向扩散开去，建立起众多原始人类部落。

犹太人说，是耶和华用尘土造了第一个人，赋予了他生命，而后趁他熟睡时，取出他的一根肋骨，创造了第一个女人。

来自树上的祖先

古代人类编出这些故事，想必已经是极尽想象之能事了，但是很多事情还是要回到当时才能找到答案。从后来出土的很多文物中，我们获得了很多隐含信息：生活在五千年前的人类尚无希腊人、犹太人、俾格米人和印第安人之分；人们还在使用冷兵器，住在洞穴里，颈间和耳朵上挂着原始的装饰品。

那时的人们与我们非常不同，他们在几百年、几千年的时间里只是在大地上无所事事地游荡。当然，那时的地球面貌也与现在非常不同，如果穿越回去，我们可能会以为搞错了星球呢！一代又一代的科学家们都在研究从洞穴和沼泽中挖出来的遗物，对着一根骨头、一块原始人类加工过的石头、一串粗糙的宝石项链、一个手印而冥思苦想，废寝忘食。这些遗迹一点点地向我们讲述它们的历史，然而我们仍然无法确切地知道，第一个人究竟是何时、何地又如何出现的，但我们已经对他的起源、他的生活，对他经历的漫长且艰难的旅程有了很多了解。

举个例子来说，我们确切地知道，第一个人是一种非人的动物的后代，这种动物类似猿猴。我们人类和猿猴共同拥有一个遥远的祖先，面对险象环生而又不确定的命运，猿猴家族能够不断进化并创立一个新的家族，应当感谢我下面要讲到的这些情况。

我们的类人猿祖先在树枝间生活了几千个世纪，与对手拼死争夺食物。

我们可怜的祖先当然不是森林之王，但他们学着做其他动物不会做的事，学着用后腿支撑身体站立，为此不知道付出了怎样的代价。

通常，他们以从树枝上摘下的水果还有香草和树根果腹。为此，他们必须经常从栖身的树上下来，去附近寻找食物，“搜刮”地皮。他们需要腾出双手自由劳动，因此被迫用双脚支撑身体。

双脚发挥效用后，两只手便可以完全投入到更多的事情中去了。人的双手相当虚弱，但它们是整个大自然中最好的手：拇指短小（就像黑猩猩的拇指），但已十分发达，可以单独动作，还可以和其他四根手指并在一起，变成一把镊子、一把钳子乃至多种工具。

劳动是人类真正的父亲和创造者

最早的人类没有獠牙和爪子，但他们能够利用锋利的石头来防御或者进攻；他们早早学会了如何筛选适合磨制的石片来作为自己的武器；他们不能像猛虎一样一跃而起，却能够投掷武器远远击中猎物。

他们没有厚厚的毛皮御寒，却能够在需要的时候自己动手加工动物的毛皮来取暖。

随着双手的使用，大脑也得到了开发——手脑共同改进、完善，他们自学新东西，做越来越多复杂微妙的动作。

可以这么说，人类真正的父亲和创造者是劳动，劳动开发了手和脑。

在最早的人类学会直立走路之后，过了很长一段时间，劳动教会了人说话。

试想一下，一个原始部落，一群人，没有名字，没有语言，他们在自己降生的森林里，为了生存而奋斗。为了减少恐惧，许多人和子女生

活在一起，吃在地上或树上找到的东西，睡在几根树枝搭成的庇护所或岩石的缝隙里。他们已经有了一些工具和武器：木头的，石头的，还有用闲逛时捡来的动物骨头做成的。

狩猎是他们的第一项共同劳动。他们互相配合，比画着，尖叫着，辨认动物的足迹，用上肢甚至整个身体的动作来传达或者接受指令。但在森林里，并不是所有猎人都能一下看到自己的同伴，比如草丛太茂密或者夜晚太黑的时候。

语言的诞生和火种的取得

猎人发现脚印后，用喊叫发出信号。随着时间的推移，每一种叫声对应一个特定的信号。声音的种类逐渐增加，各不相同，而且越发清晰，逐渐变成指明一个脚印、一棵树、一个动作、一个地点或时间标记的词语，于是，作为一种劳动工具的语言诞生了。

取得火种是人类迈向文明的道路上具有决定性的一步。当然，这并不是突然发生的。

没有什么普罗米修斯登天盗取火种，相反，人类特别怕火——火山的火、雷击引起的森林之火，火是“可燃烧物”，是人类的死敌。所有动物都怕火，我们的祖先也尽量远离火。

但是，当人类开始加工燧石，以得到所需的石片时，他们惊讶地发现敲击时迸出了火花。这难道不是通过人类的双手自动迸出的小闪电吗？

那时的人无疑还会加工木材，制成工具，只是没能流传下来。不过，我们可以假设，它们应该与石器是同一时期的产物。摩擦木头也会迸出火星，火星很容易和点燃森林的怪物联系在一起。

我们的祖先借助石头和木头，先是偶然，而后有意地取得了火种。

最早生火的人在他们的伙伴眼中应该类似巫师或半神，这种情况在普罗米修斯的神话传说中留有痕迹。此外，在所有古老的宗教中，火都与神圣的东西联系在一起，火本身就是神圣的。

火及其所暗藏的秘密

在那之前，人类一直是杀死动物后生吃肉。有一回，一个部落正围坐在火堆旁吃东西，一块肉不小心掉进火里烧熟了。第一个厨师的出现纯属意外，人们觉得这块意外烧熟的肉比生肉香，由此引发了一连串的变化。

熟肉将人类变成了肉食动物（同时仍是植食动物），为了随时有可供食用的肉，畜牧业诞生了。

火一次透露一个秘密。例如，烧制黏土。人用了几个世纪才注意到并终于明白，某种土在火中加热后，会变成一种新的东西，硬的东西，不漏水，于是，人类有了第一个罐子。

在此之前，人类用编制的藤筐储存多余的食物。第一个制陶工人在藤筐内部涂抹黏土，置于火上，火苗吞噬了藤筐，烤干了黏土，并保留了形状。

很久以后，火又透露了另一个秘密，在灰烬里翻找的人发现了一种闪光的物体，坚固耐用，一块从未见过的黄色的“石头”——黄铜。

图画陷阱魔法与宗教和艺术的诞生

随着时间的推移，铜器取代了石器，后来又有了铅器、铁器……我们离最初那些勇敢的猎人生活的时期太过久远了，从他们当中我们依稀能辨认出我们最遥远的祖先。我们是在多久之前学会生火的？几万年前，也许是几十万年前。

我们继续说最初的人类，那些劳动、说话、用火的人，我们通过他们留下的遗迹了解这一切。多亏了这些遗迹，我们才对他们有了更多的了解：我们可以进入他们早已毁坏的头颅，解读他们永远被删除的思想，就像阅读写在书上的文字。

狩猎是他们最重要的活动，部落的生存完全依赖于他们猎取的动物，无论是驯鹿、猛犸、熊，还是野牛。祖先们传授狩猎规则，然后死了，但他们的后代相信，他们仍在部落附近守护着这个规则，监督大家遵守惯例和习俗。

在原始人心中，祖先神秘且奇特地和以自己的身体供养部落的动物混合在一起。这些动物，无论是熊、驯鹿、猛犸，还是野牛，不是敌人，而是恩人，没有它们，就会有饥饿。它们任凭自己被杀死，这样，所有人就都有东西吃了。因此，必须用舞蹈、歌唱和叫喊来感谢它们，让它们同意部落喂养它们的孩子。必须向它们祈祷，这样，它们就会永远支持这个部落。

祖先希望如此。部落的祖先和被杀死的动物的祖先之间有一份神圣的盟约，这两个祖先简直是同一物。这个部落有一个野牛祖先，那个部落有一个大象祖先，等等。部落的神——它的图腾——是部落的保护者和滋养者。部落以它命名，比如，野牛部落、驯鹿部落……还记得澳大利亚的蒂埃里人的传说吗？每一种动物都创建了一个人类部落……

远古时代，在今天被称作意大利的地域内生活着一些隐秘的部落，我们对其中一些部落一无所知，至于其他部落，我们只知道名字。亚平宁半岛南部生活着一个叫 Itali 的部落。这个名字源于一种动物的名字——vitulus，也就是小牛。早期 Itali 人的图腾是一头小牛，就像因纽特一个部落的图腾是驯鹿，非洲一个部落的图腾是鳄鱼。Itali 这个名字为我们这片土地命了名：意大利。

尽管有图腾的召唤，猎物却并不总是那么大方，它们也很狡猾，装着听不见祈祷，不在乎舞蹈，避开猎人的围捕。幸亏人更聪明，为了捕猎成功，总能发明出新的方法。其中一种方法就是图画陷阱魔法，我这就来说两句。

有那么一两回，一个猎人很偶然地用一只手支着洞壁，留下了血、泥或炭的痕迹。那个人无意中成了第一个画家。

他，或者另一个人，试着用一块石头刮岩石，在那个印记周围勾勒出轮廓。然后，那个猎人利用空闲的一个小时画出一头熊、一只驯鹿或

一头猛犸。在岩石上刻出动物的轮廓，就像从前他刻出自己的手的轮廓。看到这个奇迹，整个部落的人都会尖叫起来吧。他的同伴们肯定会说，看哪，那个人手无寸铁，在远处就“抓住”了猎物。

他身上一定有神奇的力量对付野牛，不碰它就能把它带到山洞里囚禁起来。从那天起，这个画家要无数次重复这样的动作。狩猎之前，他在墙上画出想要捕到的猎物，各种长矛、标枪和箭插入动物身体两侧，他画的情景必然会发生。这是一种图画陷阱，施了这种魔法，猎物就像鱼落入网中，熊掉进地上挖的洞里。

许多图画保存至今。我们看到，宗教和艺术作为与部落原始需求（有丰富的食物，至少够所有人吃）有关的表现一起诞生了。

然而，并不是所有部落都学习同样的东西，因为不是所有部落都生活在同一个地方。当冰川退向北极时，苔原也往北退，还有驯鹿。捕猎驯鹿的部落跟着他们的猎物向北方走，继续和它们一起生活在冰天雪地中，今天的因纽特人依然如此。

其他部落留在他们生活了几千年的地方，凌霜傲雪，现在那里长出了茂盛的森林。

带着小动物回家

这些人学会了砍树，盖成小木屋，并在周围修建了栅栏；为了加工树干，他们发明了斧子；为了在森林深处捕猎，在猎物逃匿之前迅速击中它，他们发明了矛、弓和箭。

还有一些部落沿河而居，学会了在木制高台上建造木屋，以免被洪水浸泡。浮动的树干教给他们航行的秘密，他们也制造出一些自然界中本不存在的东西，比如挖空树干，制成独木舟。有的族群跟随畜群，以捕猎为生。他们住在兽皮帐篷里，在一望无际的平原上缓缓移动，仿佛拴在链子上，被畜群牵着走。

人类即将收获为生存奋斗数千年的果实。他们的收获将成倍增加。

一天，一个猎人回到营地，除了打死的猎物，还带回一只小狗。他喂养它，教它从他手中取食，跟它做朋友。为了回报他，狗利用准确无误的嗅觉寻找猎物。

其他猎人带回一只羊羔，或一头小牛，此前，猎人杀死了它们的母亲。在吃它们的肉之前，先让它们长大，这样会有更多的肉。羊羔和小牛习惯了和人一起生活，不再怕他们。从此，人类开始驯养动物。

与此同时，更大的发现时机成熟。妇女、儿童向来靠在营地周围采集水果和麦粒度日。一部分种子掉在山洞或木屋附近的地上，不久就发芽了。

这样的事发生了数千年，却没有谁发现这个奇妙的秘密。

当人类明白，只要播下种子，种子和果实便会适时成熟，他们的生活就彻底改变了。

人类需要砍伐森林，开垦新的土地：一部分用来播种大麦和小麦，一部分用来饲养家畜。人类需要发明新的工具：锄头、小镰刀（第一把镰刀是木制的，火石刀身）和磨麦子用的石磨。

游牧民袭击村庄：这是战争

人们观察到，河边的收成更好，每年洪水淹没土地又退去后，耕地上都会覆盖一层肥沃的淤泥。越来越多的部落向大河迁移，比如埃及的尼罗河、美索不达米亚的底格里斯河和幼发拉底河、印度的印度河和恒河、中国的黄河等。在这些地方生活，食物充足，人口逐年增加。

千百年的时间里，小部落变成人口众多的民族，他们的名字流传至今：古埃及人、苏美尔人、印度人、中国人……不过，地球上这些最初的伟大民族，我们留到另一章再讨论。

接下来，我们看到猎人变成牧人和农夫后，生活发生了怎样的变化。他们不再依赖旧的图腾——动物保护神和祖先，他们的供养者是其他的东西：小麦收割后被埋起来，因为它会萌芽，又一次长出麦穗；土地接受种子；太阳催熟作物；雨水滋润幼苗。

这时的农夫不再向图腾祈求，他们向太阳、土地、小麦和河流祈求。它们是他们的新神，祈祷丰收时，他们用很多名字称呼它们。然而，描绘它们的时候，他们无法完全忘掉旧图腾，于是用半人半兽的形象描绘新神。

农夫还需要坚固耐用的住所，因为他们总是住在同一个地方。他们建造了最早的房子，木头房子，或者石头房子，在房子的墙壁上涂上泥。再后来，有了砖房。

他们需要大量的工具和器械，生活越来越复杂。于是，渐渐有了分工：有的人耕种土地，有的人只制作犁、锄头、兵器和陶器——要看这个人有哪方面的特殊才能——他们是最初的手工业者，手艺父子、师徒相传。

每一种新的需求、每一个新的发现，都需要有人来处理，于是有了矿工、采石工、锻造工、铁匠……即使种地，养牲口（放牧、割草、挤奶、屠宰），盖房，也需要新的劳动力。如何获取呢？

我们来到了人类进程真正黑暗的第一章——《战争》。

部落在战争中俘获囚犯，囚犯们被当成奴隶，被迫劳动。一个游牧部落袭击一个村庄，以便占有那里储备的食物、陶器和工具，管理囚犯和居民，把他们当奴隶，让他们照管牲畜或从事其他劳动。

两个部落见面交换产品：我们有吃不完的粮食，他们有用不完的陶器。交换过程中产生了争吵，演变成战争。囚犯跟随获胜者，并为他们效劳。获胜者摆脱日常劳作，成为武士，又通过战斗获得更多的土地、奴隶和牲畜。

第一个职业武士和第一个奴隶彼此对视，他们互为镜像，是同一种困境的产物。但如果你夺去了其中一个人的自由，也就夺去了所有人的自由。

原始平等消失了，不再只有“人”——拥有平等权利的部落成员，人分成了自由民和奴隶。自由民之间的差别也开始加大。

直到昨天，氏族还团结在母亲周围，母亲代表纽带和延续性。孩子们跟她住在一起，姓她的姓。集会时，女人和男人有同等的话语权。

太阳之子和他的奴隶

随着畜牧业和农业的发展，男人的重要性增加了：他们负责牲口和土地，部落的生活取决于他们。起初，一切属于部落，单个成员一无所有——最早的人类是原始共产主义者，尽管他们自己并不知道。现在，一个男人，他的孩子们，他的后代们，在部落中形成一个单独的群体；

一个大家族，他们的首领不再是女人，而是那个老父亲，也就是族长。

每一件财物都留在家族内部，如畜群、土地、纺织品、武器和工具等。有的家族人口更多，他们拥有更广阔的土地、更大的畜群。有的家族更强大，他们由许多年轻武士组成，谁也打不败他们。这些家族在部落或村庄里最有权势，他们建造更大、更奢华的房屋。许多手工业者靠他们生活，许多奴隶为他们劳动。

原始社区开始分裂，村子里有强有弱，有贫有富。最有权势的族长将自己的意志强加给全村人，他成为军事统帅和最高法官。

战争还是和平取决于他，只有他能保障村庄不受侵犯。

富人也把穷人变成了奴隶，教士也要受制于富人。富人是如此有权势，以至于很快就不再是简单的富人了，他们将成为“国王”，并自称天子、太阳之子和神之子。比如，他们将成为古埃及的法老。随着时间的推移，人们会忘记他们是怎么当上国王的，开始真正相信法老或皇帝（中国）是神或天的儿子。我们仔细查看过他们的身份证，知道他们的真实身份。

本章所讲述的一切都属于“史前史”，也就是说，关于这一切都没有书面材料，只有历史学家用来研究的间接证据、遗迹和遗骸。

真正的“历史”从下一章开始，其中讲述的古人生活的事件都有书面证据。徜徉于档案和古迹中间，我们似乎仍能听到他们的呼吸。

并不是所有民族都能同时进入历史：古埃及人、苏美尔人和中国人在几千年前就走入历史了；意大利的第一批居民是在大约公元前七世纪才走进历史的；挪威则仅在一千二百年前才开始有历史。即使在今天，仍有一些民族像我们的猎人祖先那样生活着，紧紧围绕在他们的图腾周围，没有历史。人类的发展是不均衡的，并非处处都一样。

第二章

从第一张犁到玛雅文明

第一张犁是在哪儿制造出来的？第一台织布机呢？地球上的第一座城市出现在哪里？第一个写出自己名字的人生活在何时何地？第一部成文法典是在何时何地颁布的？……告诉我们吧，我们会为之脱帽致敬。但谁会给我们答案呢？只有她——历史。

历史翻开她的记录，满目皆是最古老的书面文件，最古老的纪念碑和寺庙遗迹，道路边的石块、坟墓……她伸出布满皱纹的手，指着地球上的四个点，这四个点所对应的地域是四大文明的源头，它们都有一个共同点，建立在河川台地附近。埃及，尼罗河像脊椎一般流淌；美索不达米亚，正如它的名字“两河之间的地区”——两河指的是底格里斯河和幼发拉底河；印度，位于印度河和恒河之间；中国，横亘着黄河。

湍急的河水滋润着广袤的平原，使土壤异常肥沃。

当世界上其他的部落还在四处漫游，寻找食物和牧场时，古埃及人、苏美尔人、达罗毗荼人[①]和中国人已经居住在那些河流两岸，并从土地中获得丰厚的产品，饲养着大量牲畜。

他们最初聚居在大村庄里，后来在砖石砌成的城市里生活，并为他们的许多神建造越来越奢华的神殿。他们分工劳作，而且我们会看到，他们还学会了分权。很快，他们就有了君主、法律、军队和商业，还有了艺术家、文学家和科学家。

这一切都要感谢河流，是河水让他们创造出繁荣的农业。

古老的文明史开始于大河两岸

我们常说“停滞不前是危险的”，但历史上却有相反的情况——停滞不前反而是安全的。几千年前，留在尼罗河、幼发拉底河、印度河和黄河沿岸的人民创造了先进且复杂的文明，那时，整个欧洲尚未建造起第一栋砖房，第一批印第安人的远祖刚从亚洲来到美洲。

看到埃及的财富，希腊人把它称作“尼罗河的礼物”。然而，大河是不会让人类不劳而获的，尼罗河也不例外。每年都有那么一次，洪水会灌入整个山谷，为田地覆盖上极其肥沃的淤泥。为了整治洪水，让水位

① 南亚操达罗毗荼语系诸语言的各民族的统称，主要分布在印度、斯里兰卡和巴基斯坦。——译者注

达到灌溉所有耕地所需的高度，巨大的水利工程是必不可少的。

这项工程要求成千上万劳动者共同努力，需要一个相应的组织、一个英明的领导。而分散的一个个小部落，把自己像刺猬一样封闭起来，只能获得尼罗河允诺的微薄收成。作为尼罗河之子，定居在河边的众多家族逐渐合并，其结果就是古埃及的诞生。

这一切都是逐步发生的，没有人事先为将要发生的一切制订过周密的计划。很有可能是最强大富有的家族先达成协议，然后让其他人屈服，

建立了一个强大的中央政权。这个必须存在的政权管理很多人的共同生活，组织农业、商业和新兴的工业活动，并发动战争。我们已经知道，他们发动战争的目的是获取奴隶。

最后，一个家族——法老的家族——脱颖而出，它的头领成为整个尼罗河流域绝对的王者。他被称为“法老”，这个词的意思是“居住在高屋里的人”，但后来“法老”有了更为复杂且神秘的含义。

古埃及人从小就被告知，法老是太阳神的儿子，甚至他本身就是神。死后的法老将会“升天”，与太阳圆盘会合。

这些东西是祭司传授的，在法老统治的古埃及，祭司们组成了一个强大的特权阶级，有了这个阶级，王权与神权直接结合在了一起。

生活中的一切均取决于神和法老，宗教是埃及这座建筑的主要支柱之一。

太阳神之子法老的权力

法老在这座建筑的屋顶上；接下来是王国的其他大家族、贵族和富裕的有产者、高官和祭司；再下面是农民、手工业者和商人；最低处才是奴隶。

这座建筑的稳固依靠的是奴隶的劳动，可以说，奴隶们代表着地基，但奴隶们创造出来的财富绝大部分向上流动，让少数人过上精致奢华的生活，留给建筑底层的奴隶自己享用的东西微乎其微。

建筑的屋顶经常被打磨，直到闪亮耀眼。祭司们日夜为法老祈祷；艺术家用一百种不同的形式（公牛形象、狮身人面像等）描绘他们；文人把他们的功绩写在“纸草纸”（用尼罗河的一种水生植物制成的纸）上；画家们为他们画像。

总之，宣传某种牙膏或某个品牌头油的现代广告也没有古埃及人为法老做宣传的技巧高超。

再举最后一个例子，在古埃及，死者被埋于地下，有他们生前最喜爱的东西陪葬，陪葬品有珠宝、首饰、瓶罐、织物、小雕像等。

他们的坟墓上面堆积着石头，为了阻挡那些喜欢尸体味道的鬣狗，也为了威慑那些盗墓的强盗。富人不满足于简单的一堆石头，他们要庄严的陵墓，甚至希望它雄伟不朽。古埃及建筑师为法老们建造了宏伟壮丽的金字塔，成千上万的奴隶为此辛苦劳动，甚至付出生命。

金字塔内部有走廊、大厅、地道，堆积着闪闪发光的财宝。法老的尸体被制成木乃伊。许多木乃伊保存至今，被最好的博物馆收藏。

历经千年，保存至今的还有金字塔内的宝物和绘画，以及讲述法老们的生平与战绩的一卷卷纸草纸。

法老死去后，他的权力便荡然无存，留下来的只有建筑师、石匠、画家、织布工和金匠的作品。我们通过他们的作品来评估古埃及人在几何、建造工艺和雕塑上的发展。

最终留下的永远是人类的作品，谁还相信古埃及和古希腊的神呢？

但古埃及和古希腊的庙宇还在，仿佛是为人类劳动树起的圣殿和纪念碑。

古埃及人在尼罗河谷地定居时，一群山地人来到底格里斯河和幼发拉底河之间水源丰富的三角洲——苏美尔居住，这里有相当多的沼泽和湿地。苏美尔人用堤坝和沟渠分割水域，将他们的国家变成了富饶繁荣的“人间天堂”。希伯来人所谈论的亚当与夏娃生活的“人间天堂”，很可能指的就是苏美尔，他们听说过苏美尔令人钦佩赞叹的繁荣，自己则在沙漠的帐篷里过着简朴的牧人生活。

苏美尔人最早是把成片的芦苇弯成隧道的形状作为屋舍。后来，他们学会了和泥。再后来，他们学会了用黏土制砖。但即便使用砖块，他们仍然习惯把房舍、宫殿和庙宇的房顶建成拱形，他们早在这种建造技术为人所知之前就创造出了完美的拱形结构。

他们的双手先于头脑做到了。同样的事在历史上时有发生。

巴别塔的传说

公元前 3500 年，苏美尔人就开始使用轮式车辆了。车轮由三个相互连接的木块组成，用皮带和铜钉固定住。几乎可以肯定地说，这是最早转动的轮子。

轮子不仅对车夫有用，而且对陶工也是有价值的。他们水平安装一个轮子，发明出一种用来塑形的机器。有了这种机器，陶瓷业才有了长足的进步。

苏美尔的每座城市都有专属的神，苏美尔人为每一个神建造了“庙塔”。庙塔的样子介于假山和多层高塔之间，由沥青黏合的泥块砌成。沿着外部楼梯可以登上塔顶，那里矗立着神殿，还有阶梯，但任何人都不能攀登，这是为神造访子民准备的通道。

犹太人认为巴别塔就是一座庙塔。犹太人还说，该塔不幸倒塌，是因为建造者受到了上天的惩罚，上天扰乱了建造者的语言。这样一来，他们操着不同且难以理解的语言，相互之间无法沟通。

即使到了今天，说什么东西一团混乱时，我们还会说“简直是巴别塔”，或者“太巴比伦了”。这个犹太传说和这些表达方式都有历史的解读。富饶的美索不达米亚引发一个又一个族群来争夺统治权，各个族群的获胜者四处奔走，相互融合，继而消失，为新来者让路。

阿卡德国王萨尔贡最早统治了苏美尔人，他将他的帝国扩大至整个两河流域。后来，整个美索不达米亚被另一个民族统治，首都设在了巴比伦。

古巴比伦国王汉谟拉比宣称马尔杜克神高于一切，但倘若仅仅如此，这个名字本可以忽略。我们还记得他，是因为他和首次将等级划分用文字固定下来的一种法律制度联系在了一起。

巴比伦社会分为三个等级：贵族和祭司——他们还是最大的土地所有者；自由民——手工业者、商人、农民，他们要交税、当兵；还有为所有人效劳的奴隶。不过，汉谟拉比允许奴隶们花钱赎身。

高塔远远地给那些从地中海沿岸、阿拉伯沙漠、北部山区或印度河来到巴比伦城的商队指路。城墙很宽，可容两辆马车并行。房子是由石头砌成的。最豪华的建筑正面由黄铜板装饰，顶层上面不是屋顶，而是一个由种植了树木和鲜花的花园装饰的露台。

几个世纪以来，一个接一个民族来到这里：加喜特人、赫梯人，然后是好战的亚述人，接下来是巴比伦人、波斯人，再后来是希腊人、罗马人……好一个混乱的巴比伦。

赫梯人来自安纳托利亚[①]。他们来自大草原，跟牧民学会了养马，他们翻越群山，跟高加索部落学会了冶金技术。

他们是强大的武士，因为他们有最好的武器，特别是他们乘坐装有新型轮子的轻型战车作战——不是苏美尔人那种实心轮子，而是装了辐条的轮子。很长一段时间里，他们战无不胜，打败过巴比伦人和埃及人，建立起一个疆域比法老们统治的地域更为广阔的帝国。

后来轮到亚述人，这是一个好战的民族，他们通过战争开疆拓土，

① 又名小亚细亚，今土耳其亚洲部分。——原注

从地中海打到波斯湾，从埃及打到安纳托利亚和亚美尼亚。亚述人不懂得埃及人和巴比伦人精美的艺术，他们只知道发动战争、掠夺、破坏。

他们倾尽全国之力，来装饰他们的首都尼尼微。

亚述人对我们来说还是有价值的，因为他们给我们留下了许多刻在泥板上的“楔形文字”，通过那些文字，我们了解了很多有关他们和那个时代的情况。

迦勒底人取代亚述人后，巴比伦重振昔日辉煌。这些迦勒底人有很多是很有才华的数学家和天文学家，不过，这回我们暂不多说，因为我

们必须加快速度去东方。

苏美尔商人一直旅行到印度河边，在这里，他们认识了一个民族。这个民族建造了大规模的城市、多层房屋和铺了石板的街道，一切都事先有一份完善的城市规划，这就是印度最早的居民达罗毗荼人。

达罗毗荼人在文明的道路上独自走了很远，他们有文字和记数法，还统一了度量衡。他们不仅会冶金，还会制作玻璃、珠宝和陶瓷制品。

印度河比尼罗河更慷慨，河边居民一年可以收获两次农作物。正如古埃及和美索不达米亚一样，丰富的农产品允许相当一部分人口居住在城市里，从事工商业。达罗毗荼人与美索不达米亚和喜马拉雅地区的贸易往来频繁，从那些地方进口金属、贵重木材和宝石。

然而，在达罗毗荼人居住的印度，一个新的民族带领强大的骑兵入侵，大致与赫梯人入侵安纳托利亚和美索不达米亚在同一时期。与此同时，凯尔特人、日耳曼人、斯拉夫人、古意大利人、亚该亚人①在欧洲各个地区定居下来。这些民族全都属于“印欧种族”这个大家庭。来到印度的这个民族叫雅利安，他们占领了这个国家，征服了达罗毗荼人。

雅利安人和达罗毗荼人生活在一起，但并不杂居，印度人被划分为

① 古希腊先民主要部族之一，约于公元前3000年进入希腊，据说他们创造了迈锡尼文明。——编者注

互不交流的“种姓”大概就源于这种彼此分隔，这种划分一直持续到今天。权力属于最大的土地拥有者，王公也从这些人中间选出，每个王公统治一个小国，许多个世纪以来，印度被分割成许许多多这样的公国。公元前 6 世纪，有一个王公的儿子乔达摩——后来被称为佛陀，也就是觉悟者——放弃了家庭、权力和财富，开始宣扬慈悲和爱众生的佛法。后面我们还会提到他。现在，快马穿越千年，将我们送到被黄河浸润的中国平原。

这个建造了自己城市的民族完全不知道，向西几千公里处，古埃及人和苏美尔人也建造了他们的城市，他们也从来没听说过中国人。那个时代，距离太远是无法穿越的。几千年来，相隔遥远的民族劳作，受苦，进步，相互间不知道对方的存在。

大河的儿子与大海的儿子

正如古埃及人利用尼罗河，中国人也利用河流，他们用伟大的水利工程驯服了河流。中国人臣服于被称为“天子”的皇帝，他们创造了自己的文字，改善了陶瓷技术，有先进的医学、天文学和化学。

除了普通牲畜，他们还饲养一种叫“蚕”的珍贵小动物，这种小动物会吐出一种比羊毛还精美的东西——蚕丝，用蚕丝可以织出珍贵的丝绸。

数千年间，中国人走自己的路，不为他人所知。我们知道，古罗马人发明了如何在蜡板上写字，中国人则发明了印刷术，甚至发明了火药。后来，获得他们的火药制造秘方的那些民族将火药广泛运用于战争中，加速了人类历史的进程。

中国的疆域太辽阔了，帝王们永远无法将命令下达到最远的边界。

于是，国家的诸侯国由贵族统辖，他们强迫平民在极其恶劣的条件下生活。平民们经常造反，秘密举事，殊死搏斗。这是人类最早反抗不公的战争，后面我们还会看到。

在一个社会极为动荡的时期，孔圣人（他与佛陀生活在同一时期）开始宣讲他的理论。“己所不欲，勿施于人。”他说。

为了将这个简单的原则付诸实践，贵族们不得不放弃傲慢和贪婪，平民们则必须服从，不再反抗。孔子认为，要建立一个秩序井然的社会，说服平民们改善个人行为就够了。

历史证明，他是有局限性的。在中国的历史上，事情往好的方向发展不是从人们变得“更好”开始的，而是从结束社会不公开始的。

如果历史的第一页写着埃及、美索不达米亚、印度和中国的名字，那么我们就会在第二页发现地中海中的一座小岛——克里特岛。如果埃及人是大河的儿子，那么克里特人就是大海的儿子……

他们生活的岛上盛产小麦、大麦、无花果、橄榄、椰枣和亚麻，但克里特人并不满足于只做一个好农夫，四面环绕的海洋呼唤着他们，几乎是强迫他们成为水手、旅行者和商人。他们制造小船，然后乘船来到叙利亚海边的比布鲁斯。他们在这里遇到了埃及商人、从小亚细亚高山上下来的旅行者，以及将美索不达米亚和印度的商品运到海边的腓尼基商队。

克里特人从地中海一直到达西西里岛，然后沿亚得里亚海来到波河河口，他们还到过撒丁岛、巴利阿里群岛和西班牙，到处做买卖。

他们将自己的岛屿变成古代世界的心脏和贸易中心。他们与最先进和最落后的国家都有联系，他们有很多可学的知识，也有很多可教的技能。比如，他们向腓尼基人传授了航海技术。

克里特人有那个时代最心灵手巧的工匠，没有谁织出的布料能比他们的更漂亮，没有谁烧制的陶器能比他们的更有品位。

在城市里，商人和船主的华屋与巴比伦权贵的宫殿一样富丽堂皇，住起来也更舒适，比如说配备了完善的排水系统。

爱琴海所有岛屿均服从于克里特国王。在克里特的首都克诺索斯，传说中一个叫弥诺斯的国王建造了一座巨大的宫殿，其遗迹保存至今。克里特人是水手之王，在海边举行隆重的婚礼时，他们会把一枚极其珍贵的戒指丢进波涛里。不过，宗教中保留了更古老的与土地有关的习俗，男神和女神们掌管田间作物。

每到节日，克里特人就会聚集在竞技场举行斗牛比赛（为了向圣牛弥诺陶洛斯致敬）、音乐比赛、舞蹈比赛、体操比赛，还有拳击手把皮条缠在手上比赛。

克里特人的各种技艺从克里特岛传到了希腊。当时，亚该亚人占领着这个半岛，他们叫来邻居建造并装饰他们最早的城市——迈锡尼和梯林斯。后来，亚该亚人变得比师父更强大。他们入侵克里特岛，放火焚烧了华美的宫殿，把克里特岛变成了自己的殖民地。克里特人携带镌

刻着他们精致风俗的瑰宝散布于世界很多地方，尤其是亚洲和欧洲的意大利。

地中海贸易的头把交椅从沙漠商队传给克里特人，再传给腓尼基人，腓尼基人已成为熟练的水手。

腓尼基人从他们的提尔港和西顿港出发，漂洋过海，在地中海的每一个角落开设商铺，建造梯形建筑和城市。他们是务实的人，只在乎收益。

腓尼基人在国内生产精美的纺织品和珠宝，他们的仓库里堆放着来自整个东方的货物，他们运送奴隶、金银、稀有木材给希伯来人，比如为耶路撒冷圣殿的建造提供美丽的黎巴嫩雪松。

他们简化了埃及人和克里特人发明的文字系统，从中提炼出一个由很少的符号组成的字母表，以帮助那些没有时间来系统学习语言的商人。他们的国王从大商人和大船主家族中选出。

腓尼基人的邻居是犹太人，这是一个曾经移居到埃及的古老的游牧民族，长时间为法老服务。摩西带领他们从埃及到达巴勒斯坦，在那里，他们打败并赶走了迦南人，开辟出一条新的道路。

玛雅人在丛林中建造城市

在腓尼基人那个时代，大约就在大卫和所罗门王做犹太国王时，海的另一边崛起了几个更为强大的王国：在墨西哥，玛雅人在矮树丛中耕种作物，建造壮美的城市，开采金矿和银矿，发明了自己的日历和文字；在秘鲁，盖丘亚人（可能是从波利尼西亚群岛过来的）在这里定居，并在玻利维亚和哥伦比亚的高原上和丛林中，拓展了数千公里宽的疆域。

玛雅人是出色的建筑师、优秀的天文学家和有品位的艺术家。玛雅文明堪称世界文明史上的奇葩。让世人百思不得其解的是，作为世界上唯一一个诞生于热带丛林而不是大河流域的古代文明，与它奇迹般地崛起和发展一样，玛雅文明的衰落和消亡也充满了神秘色彩。

我们对古代世界的概述到此结束。画布上还有许多空白，留待后面再填补。

第三章

帕提侬神庙的阴影下

本章我们要讲一个地方——希腊，它被分割为成百上千个小国。大部分时间，希腊人都在发动无休止的战争，或者抵御强悍的进攻和灾难性的入侵。在古希腊退出历史舞台之前，希腊人为世界留下了几个至关重要的词语：民主、哲学、政治、物理、地理、历史、诗歌、戏剧。

我们在前面介绍的大帝国，无论他们的统治者自称天子、太阳之子还是神之子，实行的都是君主专制。有史以来，是希腊人最先尝试组建“人民政府”(这就是希腊语“民主”的含义)。

和其他民族一样，希腊人也有无数的神，他们是自然力量的化身。但希腊人首先提出“人是万物的尺度”，研究自然时，希腊人对于神灵并不那么毕恭毕敬。

20 世纪被人们称为“原子时代”，生活在原子时代的我们不要忘了

“原子”这个词也是希腊语，同样源自希腊人最先尝试对事物、世界和生命的本源进行科学解释。

希腊人最早尝试组建“人民政府”

今天，当我们说起“希腊人”时，绝大多数人都明白说的是哪个民族。可是，要是在两千五百多年前，一个雅典人听到我们说“希腊人”时，他会用问题打断我们：“对不起，你们把希腊人说得这么好，他们到底是谁呀？”

其实，希腊人以前根本不叫这个名字，希腊只是当时一个寂寂无闻的小部落的名称。是古意大利人，或者说，当时的意大利人搞混了，他们把海拉斯（意大利文：Ellade，英文：Hellas）的所有居民，也就是希伦人（意大利语：Elleni，英文：Hellenes）命名为希腊人。

既然说到这儿了，我们要讲一下，从公元前1600年到公元前800年之间，多利安人、伊奥尼亚人、伊奥利亚人等，一个接一个印欧部落如连绵不断的海浪般涌入希腊半岛。他们前赴后继，先是占领了整个希腊，然后是爱琴海上的岛屿、小亚细亚海岸，后来还有意大利南部和西西里岛，并在那里创建了“殖民地”，形成了和他们原来所在国家的城市同样多的附属和分支机构。

塔兰托、克罗托内、锡巴里斯、梅塔蓬图姆、雷焦卡拉布里亚、锡拉库萨、阿格里真托和其他很多意大利地理名称都是希腊人建立的城市的名字。

最先抵达希腊半岛的部落建立了由牧羊人和农夫组成的小王国，统治者是贵族。国王是贵族院的首脑，其实也就是个族长。后来的移民肃清了古代王权，每一个能自卫的小城都变成了一个城邦，小心守护各自的领地，陌生人很难攻击，因为城邦都建在山上。

被关在家里的女人

建在海上的城市易守难攻，比其他城市幸运，商贸可以迅速繁荣起来。

希腊人向所有人学习，特别是向东方人、埃及人、巴比伦人和腓尼基人学习。无论是在商业组织、美术还是工业上，他们总是会超过老师，不是因为他们天生就比别人聪明，而是因为他们的生活方式更好。他们不是没有权利的臣民，一切都得服从法老或国王的意志；他们是公民，比在他们之前生活的所有人都要自由得多。他们是自己城邦的小君主。

希腊的民主也不是一下子就那么好。实际上，正如我们会看到的，它从来没有完美过，因为希腊人的生活也是建立在奴隶劳动的基础上的，甚至正相反，他们不把奴隶当人看，而是将其等同于牲口和机器。

国王倒台后，城邦由最富有的家庭或贵族家庭的首领统治。当商贸和工业的发展使得其他人富裕起来后，这些人也要求属于自己的权力，他们站出来组织新的力量，推翻贵族政权，后来……他们把权力握在手中，宣称自己是“僭主”[①]。

穷人的权利并不比奴隶多多少，女性更是一点儿权利都没有。为了让家庭富裕，父兄可以出售她们，就像出售任何商品一样。在奴隶市场上，她们的售价是一百五十到二百德拉克马[②]，比售价二百到三百德拉克马的男性奴隶便宜得多，因为男性奴隶可以被送到矿山、工厂或田间劳动，获利更多。

即使在雅典文明达到巅峰时，女人们依然被关在家里。

城邦虽然各自在政治上独立，但相互间又往往是对手或敌人，却依

---

① 古希腊把通过政变等方式夺得独裁权力的人称为“僭主”，如雅典的庇西特拉图和他的儿子希庇亚斯，科林斯的库普塞罗斯等。——编者注

② 古希腊银币单位。在不同地区，其含银量亦不同。——译者注

然保持着紧密的联系。同时，所有希腊人都有共同的宗教信仰。城邦是被称作“近邻同盟”的宗教性协会和联盟的一部分，为了敬神，他们会不时地组织盛大的集会。

这种时刻，“近邻同盟”的成员会在某个著名的神庙碰面，通过游行、体操娱乐、体育竞赛和戏剧表演来赞美众神。奥林匹亚有一座著名的宙斯神庙，每四年举办一次奥林匹克运动会；德尔斐举办祭祀太阳神阿波罗的运动会；科林斯举办祭祀海神波塞冬的运动会。

希腊青年会为运动会做认真的准备。

运动员会变成名人，就像今天的电影明星或足球明星，所有小孩都知道著名的赛跑冠军或拳击冠军的名字。雕塑家把掷铁饼或百米赛起跑的动作雕刻在大理石上，这些雕塑展现了人体的动感之美。

众神从奥林匹斯山下凡

本为赞颂诸神诞生的奥林匹克运动会反而变成了赞颂人类、体操和艺术的集会，诸神退居其次。希腊人把诸神搁置在无法通行的山顶——奥林匹斯山上，他们不仅用人类的面孔，还用完全世俗的情感描绘诸神，把诸神塑造成与自己相似的样子：会爱，会恨，会互相争吵，也会故意和人作对。

根据希腊人的信仰，世界之初，诸神根本不存在，所以，他们没有

插手我们的事。相反，一开始就有大地、天空、夜晚、海洋和太空。天上的国王叫乌拉诺斯，但很快他就将王位传给了将他打败推翻他统治的儿子克洛诺斯。

不过，根据预言，克洛诺斯怎样对待自己的父亲，他的一个儿子就会怎样对待他。于是，每生下一个儿子，克洛诺斯就吃掉他，但孩子们的母亲把一个叫宙斯的儿子藏了起来。宙斯长大后向父亲开战，把他父亲用锁链锁起来，他自己则成了众神之王。尽管宙斯无比强大，他也要服从一个比他更强大的力量——命运的力量，他对命运唯命是从。

你们也看到了，真的很复杂。不过，如果你能去一趟奥林匹斯山，就会发现情况比这还要复杂，因为宙斯有很多孩子：阿波罗和阿耳忒弥斯是他和勒托的孩子；赫菲斯托斯和阿瑞斯是他和赫拉的儿子；再有就是雅典娜，她是从宙斯的头颅中诞生的；还有赫耳墨斯，他是宙斯和迈亚的儿子；阿佛洛狄忒，有人说她是从海水的泡沫中诞生的，但也有人说，她是宙斯和狄俄涅的女儿。

诸神之间的亲属关系十分混乱。最强大的神里还有几个是宙斯的兄弟，即海神波塞冬和冥王哈得斯。

奥林匹斯山上还住着青春女神赫柏、为诸神报信的彩虹女神、美惠三女神（她们也是宙斯的女儿）、缪斯九女神（同样是宙斯的女儿），以及记忆女神摩涅莫绪涅。

缪斯九女神保护九种艺术：克利俄，历史；乌拉尼亚，天文；墨尔波墨涅，悲剧；塔利亚，喜剧；忒耳西科瑞，舞蹈；卡利俄珀，史诗；埃拉托，抒情诗；波吕许尼亚，颂歌；欧忒耳珀，音乐与诗歌。

然后是各种水神，波塞冬是他们的首领，他们分别是：俄刻阿诺斯、蓬托斯、普洛透斯、涅柔斯、特里同、那伊阿得，还有很多其他的神。

掌管死亡的是冥王哈得斯，冥后是珀耳塞福涅。掌管农业的是得墨忒耳，掌管葡萄树和葡萄酒的是狄俄尼索斯。此外，还有萨提尔、西勒努斯、肯托洛伊（半人马）、宁芙、塞壬（人身鸟足），以及河流和森林之神。总之，每一种自然力量和生命的每一时刻都由某个特定的神监管和保护。

后来，罗马人继承了所有这些神灵，用拉丁语对其重新命名：宙斯变成了朱庇特，赫拉变成了朱诺，赫菲斯托斯变成了伏尔甘，长有双翼的众神的使者赫耳墨斯变成了商业之神墨丘利，月亮与狩猎女神阿耳忒弥斯被称作狄安娜，等等。

希腊和拉丁文学中充斥着男神和女神的故事，详尽地讲述他们无尽的奇遇。众神从奥林匹斯山下凡，与凡人混在一起，并支持或反对凡人们。

希腊人对诗人和歌者们讲述的神话中的英雄和半神半人的丰功伟绩百听不厌：从神那里盗取火种献给人类的普罗米修斯被锁链缚在一块岩

石上，每天会有一只老鹰飞来啄食他的肝脏；俄耳甫斯的里拉琴声令动物们陶醉；珀尔修斯割下蛇发女妖美杜莎的头，从海怪手里救出安德洛美达，这比圣乔治[①]的故事要早上几千年；大力士赫拉克勒斯杀死妖魔，战胜巨人，神勇无比。这里需要加上一个“等等”，因为希腊神话故事无穷无尽。

这些传说和故事构成了希腊神话。我们无法探究它是如何诞生的，也不可能知道大众靠想象力又选取了哪些古代的事情，并将其改造成没有现实依据的神话的，然而，这些神话是如此真实！直到今天，我们说某个人强壮，还说他“是个大力士”；听珀尔修斯的故事，还是会为他担心。

因此，古希腊人倾听歌者讲述，因为他们的诗歌很美，能激发关于美和力量的幻想，让人哭，也让人笑。

最精彩的故事收集在两本民间诗集中，即《伊利亚特》和《奥德赛》，据说，作者是一位盲眼的说唱艺人，名叫荷马。

尽管城邦之间不停地争夺权力，但奥林匹克运动会、宗教神话、诗歌是希腊人的共同财富，使他们可以保持文化与民族统一。

所有城邦中，最先崛起的是斯巴达，在随后的无数次战争中，它在

① 古罗马军队的一个骑兵军官，经常以屠龙英雄的形象出现在西方文学、雕塑、绘画等领域。——译者注

伯罗奔尼撒半岛的所有城市中获得了霸主地位。科林斯地峡另一端最辉煌的城市是雅典。斯巴达和雅典早晚要有一场对决。

在希腊人中，斯巴达人就像花丛中的大荨麻，他们总是比别人缺少民主，也总是更好斗。他们训练孩子从小就要忍耐战争的艰苦，并不太关心孩子的教育，比如学音乐。反之，雅典人从小就学音乐。

斯巴达的权力牢牢掌握在少数几个贵族家庭手中。而在雅典，次等阶级可以争取越来越多的新权利，推动城邦寻求越来越先进的政体、越来越公正的法律。

雅典人向前迈出了一大步，举个例子来说，公元前 591 年，雅典首席执政官梭伦按财产多少将全体公民划分为四个等级：第一等公民，也就是最富有的（而不仅仅是最高贵的）可担任高级官职；第二等、第三等公民可以担任低级官职；第四等公民没有财产，没有资格当选，但他们也是选民。

举行公民大会选举执政者时，第四等公民的选票和第一等公民的同样有价值。即便在今天看来，类似的法律似乎并不公平，我们有至少表面上看民主得多的法律，但这只是表面文章，向来顺从也只能顺从的“第四等公民”如今依然存在……

雅典人向前迈出的另一步是，公元前 508 年，首席执政官克利斯梯尼废除了富人的诸多特权，给予公民大会更多的权力。

至少有六千个选民投票，无论他们属于哪个等级，只有公民大会的投票结果才有效。公民大会的权力中有一项是，可以判处任何一个公民流放，哪怕他是杰出人士，只要他有可能变成这个城邦的“僭主”。

选票不是纸做的（那时纸还没有发明出来），而是陶片做的。陶片在希腊语里是 òstrakon。一个公民被判处流放时，人们就会说，他“被陶片放逐了”，或者说，他“得了一堆陶片”。

许多个世纪以后，为了摆脱一个不受欢迎的独裁者，意大利人不得不利用许多其他的武器，而不是温和的“陶片”……

不过，现在我们要将目光转向东方了，对希腊严重的威胁已经在那里酝酿成熟。此时，站在舞台上的是波斯人，他们从伊朗高原下到巴比伦平原，建立了一个比奥古斯都统治时期的罗马帝国疆域还要辽阔的帝国。波斯首领居鲁士征服了美索不达米亚人，冈比西斯击败并占领了埃及，大流士将疆域从印度河拓展到欧洲，从里海拓展到波斯湾，从埃及拓展到亚美尼亚。大流士与“僭主”们结盟，占领了色雷斯[①]的许多希腊城市。

波斯人是优秀的管理者，否则也守不住那么广阔的疆土。大流士下令修路，从帝国的一端通向另一端，道路两旁有客栈和更换马匹用的马

① 古代指巴尔干半岛东南部、爱琴海到多瑙河之间的地区。现代色雷斯仅指爱琴海与黑海之间的地区。——编者注

厩。国王的信使和政府职员来来去去，将命令送达四面八方的各个省份。

这是世界上最早的邮政服务，运转得如此之好，以至于当色雷斯的希腊城市为了重获自由起来反抗时，大流士立刻就知道了，于是发起大规模远征，不只针对他们，也针对肯定会同情叛乱分子的整个希腊。

此外，波斯人已经讨厌希腊人一段时间了，讨厌他们的商业，讨厌他们的政治制度给波斯帝国人民做了一个极坏的示范。在危险面前，希腊人懂得暂时放下恩怨，团结起来，保卫自己。

这场战争时断时续，持续了数年。希腊遭遇的何止是致命的危险，但无论是大流士，还是他的儿子薛西斯，都无法让希腊屈服。希腊人中间涌现出新的英雄，他们比赫拉克勒斯和珀尔修斯更有人情味，直至今日，名气并不比他们小：雅典人米提亚德在马拉松之战中击败波斯；在温泉关战役中，列奥尼达一世率领斯巴达勇士不惜牺牲生命，延缓了入侵者的步伐；多亏有雅典人地米斯托克利，希腊人才取得了萨拉米斯海战的辉煌胜利，波斯庞大的舰队被迫撤退；还有保塞尼亚斯、亚里斯泰迪斯和西门，也打击了侵略者。

波斯人没能挫败希腊海军，最后被迫放弃入侵。希波战争胜利后，海上最强的城市雅典成为全希腊最强大的城邦。

雅典成为一个由三百个城邦——大部分是海滨城市——组成的联盟的盟主，力量显著增强。就在同一时期，由于有了伯里克利，雅典在民主、艺术和科学上也取得了辉煌的进步。

伯里克利改革了国家机构，加强了公民大会的权力。无论贫富，越来越多的公民开始参与公共生活。伯里克利批准了一项法令，规定每年从各个等级中抽签选出六千名公民，组成掌握司法权的公民陪审团。

今天，偶尔还会听到有人抗议，共和国的众议员和参议员们为什么要拿工资，假如立法者没有酬劳，那就只有富人才能做众议员和参议员了。如果是这样的话，他们只会制定对自己有利的法律。这些抗议者不了解希腊历史，他们比生活在两千四百年前的伯里克利还不民主……

那么，雅典就代表完美了吗？

好了，没必要夸大。假如我们能在伯里克利统治时期的雅典散散步，就会发现很多让我们皱眉头或者皱鼻子的地方。街道狭窄，地面铺得很糟糕，脏得要命。这里那里，一堆粪便上，或许碰巧能看到一个初生的弃婴包裹在破烂的襁褓中。父母如果不想抚育孩子（尤其是女婴），法律允许他们抛弃孩子。在我们眼中，雅典的那些房子简陋，寒冷，黑暗。不是所有房子都有朝向街道开的窗户，因为临街开门窗要交一种特殊的税。

我们会惊讶地看到，公民简单、朴素、不便的生活与宏伟的神殿、公共建筑和法院大楼形成鲜明的对比。

难怪希腊人大部分时间在户外，在阿哥拉（大集市广场）上活动，阿哥拉也是政治中心。希腊人也在体育场和体育馆里活动，这些地方是集学校、运动场和娱乐中心于一体的综合性场所。

雅典最美的建筑是剧院，西方的剧院是希腊人发明的。当然，没有人坐在桌前说：“现在我要发明剧院了，我要让悲剧和喜剧有天壤之别。”戏剧开始于远古时代，每年人们都会为纪念酒神狄俄尼索斯（后来罗马人称之为巴克斯，现代人也崇拜他，尽管并不相信他真实存在）举行游行活动。

游行时，狄俄尼索斯的信徒们用山羊皮装扮自己，模仿古埃及的仪式，人们齐声歌颂神的功绩。

随着时间的推移，在合唱之外，又加入了对话，一方是一个朗诵台词的演员，另一方是发表评论的群众。后来，演员和群众人数增多，人们不再去游行，而是坐着听演员们说话。事实上，人们为此建造了专门的场所，有舞台和宽阔的阶梯看台，在这里进行神圣的表演。

渐渐地，演员们不再只讲述神的故事，而是把更有人情味的故事搬上舞台：古代帝王和英雄的故事、希腊历史故事，甚至还有日常生活中的故事。酒神节期间还会举办戏剧比赛，一个美好的传统从此诞生。从这里走出了几个伟大的戏剧诗人，他们的作品至今仍在上演，他们是埃斯库罗斯、索福克勒斯、欧里庇得斯，还有阿里斯托芬，他在喜剧中发明了笑的艺术。

古希腊人日常生活的中心是阿哥拉，也就是广场。每个月阿哥拉都有一次奴隶交易，如果没有足够的钱买下一个奴隶，也可以租用一段时间。

看到人被当成牲口贩卖，我们不禁要打哆嗦。但是，当我们移步到广场的另一个角落，那里的情景就没这么令人伤心了。这里，一个来自东方的耍蛇人正在展示他高超的技艺；那里，有人在表演吞火或吞剑。

或者我们可以分散注意力，看孩子们玩耍。希腊儿童荡秋千，玩铁圈、陀螺、球和布娃娃；他们有鼓和号角，可以玩打仗的游戏；有木偶，做专门的戏剧演出；或者一瘸一拐地绕着广场跑。这一切我们都可以在艺术家的作品中看到。

菲狄亚斯、斯科帕斯、普拉克西特利斯这些雕塑家和米开朗琪罗一样有名；如今学校里仍在教授萨福、阿那克里翁和品达的诗歌；希罗多德和色诺芬的历史著作仍在出版，甚至印成普及本。历经许多个世纪，希腊文化仍如永不干涸的水一般鲜活。

希腊的思想家，或者哲学家，从赫拉克利特到德谟克里特，从苏格拉底到柏拉图，再到亚里士多德，磨砺并完善了大自然给予人类的最珍贵的武器——理性。只要地球上还有一个能思考的人，人类就会感激他们。

希腊也有很有成就的天文学家、数学家和医生，医生们研究各种疾病，学着了解并战胜它们，病人在这里可以找到最好的医生。

一切真正科学的基础是观察现实。除了治病救人，这些医生还奠定了科学基础，这已经很了不起了！

现在，我们回到主线上继续讲。

老斯巴达并没有将争霸的梦想搁置一旁，雅典的霸主地位搅扰了他的梦。两个城邦间爆发了一场旷日持久的惨烈战争（伯罗奔尼撒战争），这场战争以斯巴达获胜而告终。

胜利是短暂的，底比斯和科林斯反对斯巴达称霸，底比斯坐上了头把交椅。然而，一个男人作为人质在底比斯度过了他的青春岁月，他注定要结束希腊城邦间的争斗，靠铁腕手段让大家达成共识，这就是马其顿[①]国王腓力二世，这支希腊的血脉长期孤绝地生活在群山间。

随着一系列胜仗，腓力二世成为整个希腊实际上的统治者，公元前336年，就在他考虑攻打波斯时，他被刺杀了。

他的儿子亚历山大不仅从他那里继承了希腊的统治权，还继承了击败波斯人的梦想。他率领一支四万人的军队前往小亚细亚，行军如闪电般迅速，几年内，他从波斯人手中夺下小亚细亚、叙利亚、腓尼基、埃及（在那里建造了一座叫亚历山大的城市）、巴比伦、波斯的古都波斯波利斯、苏萨……一直打到印度河畔。每前进一步，他的梦想就大一些。

亚历山大大帝即将完成波斯人梦寐以求的功业：统一希腊、埃及，横扫中亚，建立一个宇宙帝国，这个帝国的人民的生活和思维方式都将融合在一起。他已经开始觊觎印度，并计划去征服，但军队拒绝跟随他。

三十二岁时，他死于一场传染病。

① 马其顿是希腊半岛东北部古国，很早就与希腊有文化联系，后来还采用了希腊文字。——编者注

第四章

伊特鲁里亚人和罗马人

公元前753年，罗马建成时，美索不达米亚的苏美尔人早已消失，克里特人被征服，埃及人在亚述人的压迫下呻吟，大卫的王国被分割成以色列和犹太两个王国，希腊人和腓尼基人正在争夺地中海的商业霸权，波斯人还没有开始爬上权力的阶梯，印度人还没有建立一个统一的国家，中国动荡不已，美洲（在墨西哥和秘鲁）正在经历一段孤独而又神秘的历史时期。

在意大利，利古里亚人、西西里人和翁布里亚人向大概来自小亚细亚、从海上登陆的伊特鲁里亚人屈服了。在罗马之前，在伊特鲁里亚人手中就诞生了一些城市，如曼图亚、博洛尼亚、拉文纳、佛罗伦萨、非耶索莱、庞贝、塔尔奎尼亚、丘西、比萨、皮斯托亚。

从传说当中，我们知道，伊特鲁里亚人是勇敢的战士、熟练的农民、行业专家、优秀的航海家和胆大的海盗，他们将统治范围从第勒尼安海扩展到波河和亚得里亚海，意大利中部的很大一部分、意大利北部和意大利南部的坎帕尼亚至今仍遗留着他们走过的痕迹。

每一个伊特鲁里亚城市都是一个国家，有自己的国王，城市之间有点像希腊城邦那样结成联盟。但是，一个真正辽阔统一的，由单一政府领导，有一支强大的军队的伊特鲁里亚国家从未出现过。

在伊特鲁里亚以南的拉齐奥[①]曾生活着一群牧羊人和农民——拉丁人和萨宾人。拉丁人自诩是逃脱特洛伊大火的英雄埃涅阿斯的后代，后来，罗马人占有了这个显赫的祖先。埃涅阿斯是阿尔巴隆加[②]的创立者，也是罗慕路斯和勒莫斯的祖先。这是一对双胞胎，母亲是个女祭司，父亲是战神玛尔斯。他们被装在一个篮子里丢进台伯河，后来由一只母狼抚养长大，他们就是历史上最著名的城市——罗马的创建者。

伊特鲁里亚人就像酵母，让罗马膨胀起来

就像所有传说一样，这些传说必定是有意义的，但找出它的意义却要绞尽脑汁。事实应该完全是另外一回事。罗马这个名字似乎来源于伊

① 拉齐奥是个大区，相当于中国的省，罗马既是意大利首都，也是拉齐奥大区政府所在地。——译者注

② 意大利古代城市，位于罗马东南，今甘多尔福堡附近。约公元前1152年建立，约公元前600年为罗马所毁。——译者注

特鲁里亚语的 rumon，意思是“河流”。我们知道，伊特鲁里亚人创建城市时会用一张犁标出周长，传说中罗慕路斯和勒莫斯就是这么做的。因此，伊特鲁里亚人也插手了罗马的起源。

最早定居在台伯河附近那些山丘上的可能是拉丁牧羊人和农民，但可以肯定的是，伊特鲁里亚人在托斯卡纳和坎帕尼亚之间（他们在那里有定居点）旅行时，将目光投向了那个坐落在突出位置上的贫困小村庄，心里琢磨着，把它变成一个中转站或许有用。

置身于那个无名村庄的拉丁人和萨宾人中间，伊特鲁里亚人就像酵母，能把面团发起来。他们比其他人更先进，更有经验，也更文明，是他们让城市膨胀起来，或者，如果你愿意，也可以说是他们让权力膨胀起来。罗马的国王是伊特鲁里亚人，他们做买卖，征战，把统治权扩大

到整个拉齐奥地区，征服拉丁人和萨宾人，建造奥斯蒂亚港，占领西西里岛、科西嘉岛、撒丁岛，后来甚至跟地中海对岸蓬勃发展的腓尼基城市迦太基做生意。

国王是最强大的伊特鲁里亚家族的代表。

王政时代持续了大约二百五十年，公元前 509 年（但所有日期都要慎重选取），伊特鲁里亚的末代国王——高傲者塔克文（从名字就能看出他来自塔尔奎尼亚）被尤尼乌斯·布鲁图斯和科拉第努斯领导的起义推翻并驱逐，这两个人也被认为是罗马共和国的创始人。罗马共和国持续了近五百年，此后是五百年的帝国时代。再后来，罗马和意大利落入外来民族——西哥特人、法兰克人、勃艮第人、汪达尔人、匈奴人等手中。

罗马共和国初期步履维艰，对内，要时刻警惕极有可能发动叛乱的罗马臣民；对外，要抵御波塞纳率领的伊特鲁里亚军队。波塞纳想为塔克文复仇，更大的目的可能在于阻止罗马蒸蒸日上的势头。

罗马通过暂时将霸主地位让给拉齐奥其他城市的方式保住了独立。先是长期的战争，随后是极具破坏性的危机时期，贫困蔓延，平民债台高筑，贵族则广积财富并广纳奴隶。

在一个多世纪的时间里，平民一方面争取经济条件的改善，比如，他们要求取消债务，将国有土地分配给农民；另一方面，争取与贵族享有同等的政治权利。那时有罢工，有斗争——罢工当然是武装起来进行的，斗争也没有现在工人的斗争这么温和，也不像现在这样，还得在内部委员会和工会的指导下进行。

如何克服危机？罗马共和国最早的统治者们可没找到什么新鲜的法子，他们只想着扩大共和国的版图，从其他城市抢来土地分给平民。第一次进攻（公元前 396 年）的对象是维爱，罗马人最终攻克了维爱。要不是高卢人突然出现，罗马人还会发动其他进攻。高卢人侵入意大利北部，在波河平原定居下来，并在更南的地方逗留了一段时间。

罗马人战败，逃往维爱。得到大量贡金后，高卢人同意撤兵。

现在怎么办？原地重建罗马，还是迁都维爱？贵族们决定留在罗马，并开始了重建工作，他们甚至把维爱的门都拆了。很快，他们继续采用征服的政策，以解决经济困难，给平民土地，占有奴隶、商业基地、森林（造船所需）和矿山。

拉齐奥被迅速收复，然后轮到坎帕尼亚。萨姆尼人、翁布里亚人、伊特鲁里亚人、高卢人、塔兰托人先后战败，遭到劫掠，罗马为自己树立了一个又一个的敌人。

被高卢人击败一百年后，罗马成为从阿尔诺河到卡拉布里亚的意大利的主人。

商业繁荣，工业发展，造船厂和冶金作坊为备战日夜开工，失业者被雇来建设大型公共工程（比如，从罗马到加埃塔的第一条军用道路——阿庇亚大道）。

他们变得更富有，占有征服来的土地，让奴隶耕种，小业主流落街头，穷人更穷；贵族身边出现了暴发户、投机者，他们与权力联手，也可以成为公民。

同样，罗马的平民也向前迈了几步——他们也有了公民权。一个幅员辽阔的国家没有广泛的基础是立不住的，罗马人把管理、统治国家和与其他国家打交道的能力视作罗马政权的底座，他们始终要把底座搞得十分坚固。

被征服的城市当然不隶属于罗马，但以很多方式与罗马联合，比如成为拥有平等权利或权利略低的盟友。

公元前 250 年，罗马有十万居民，几个世纪后，人口翻了五倍。

对抗迦太基的战争漫长且残酷

只维持了几年的和平，罗马就不得不面对它的整个历史中最艰苦的战争——迎接迦太基的挑战。从公元前 265 年起，罗马与迦太基的决斗历时一百一十二年。

战争貌似偶然爆发：被锡拉库萨国王希洛二世围困在墨西拿的玛尔

美提向罗马人求助，希洛二世则请求迦太基人介入，这场冲突从西西里蔓延至整个地中海地区。

实际上，罗马和迦太基争夺的是海上霸权……在大西洋地区，迦太基就像建立这座城市的腓尼基人一样，代表的是一种东方的、专制的帝国形态；罗马则代表了另一种更现代、更强干的形态。

罗马内部鼓动征服西西里这座地中海之桥，除了那里土地肥沃，物产极其丰富外，实业家、金融家、大地主和商人们，乃至部分被剥夺祖产的平民，也都希望通过这次新的征服分得公共土地，军人们甚至将迦太基在西西里岛的势力视作对意大利南部的威胁。迦太基人则试图遏制对手日益强大的趋势。双方多次达成的贸易协定和势力范围

划分协议经常被撕毁。

公元前 255 年到公元前 238 年，罗马人拿下了西西里、撒丁岛和科西嘉岛，但派往非洲的雷古勒斯的军队败北。

公元前 218 年，在汉尼拔的率领下，在西班牙待命的迦太基人翻越比利牛斯山和阿尔卑斯山，入侵亚平宁半岛，多次打败罗马人，令他们疲惫不堪。然而，汉尼拔不敢对罗马发起攻击，也许他担心意大利的盟友干预。他退回到卡普亚，在那里停留了数年，没有采取任何行动。罗马人有时间重整旗鼓，打败了从西班牙前来的援军，并把战火烧向汉尼拔在非洲的弟弟哈斯德鲁巴。

汉尼拔不得不重新渡海。公元前 202 年，汉尼拔在扎马与普布利乌斯·科尼利厄斯·西庇阿率领的罗马军队遭遇，迦太基人战败，全军覆没。罗马人乘胜追击，占领了西班牙，征服了阿尔卑斯山南侧的高卢[①]和普罗旺斯的利古里亚人，然后穿过马其顿（当时马其顿国王与迦太基联盟），在不到五十年的时间里，征服了希腊和小亚细亚。

公元前 149 年，迦太基试图重整旗鼓，罗马人将其包围，用了三年时间才攻陷这座布匿[②]大城。最终，迦太基城被焚毁，五十万居民只剩下五万，被卖作奴隶。

---

① 今法国。——原注

② 罗马人称迦太基人为“布匿”。——译者注

迦太基城的大火燃烧了十七天，再也没有从灰烬中重生。

布匿战争也让罗马损失了几十万人，数十座城市被毁，农田毁坏，农民生活凄惨。罗马通过抢掠被征服的民族再次繁荣起来。巨大的收益从地中海各处聚集过来，塞满了各类投机者和奸商的腰包。罗马成为商业、贸易、奴隶贸易和奢侈品中心，银行家和投机者靠军队的物资、开销和承包工程赚得数以百万计的钱财。

原本悬殊的差异越发深化，希腊文雅的习俗、更高级的文明——戏剧、艺术、哲学传入罗马，生活从未如此辉煌、如此迷人过。但市郊农民没能享受到公平的分配，城市里也聚集着数千失业者。

接下来是一段漫长而血腥的社会斗争，领导者是提比略·格拉古和他的弟弟盖约·格拉古，他们强制推行彻底的农业改革，限制土地所有权，把土地分给农民，但格拉古兄弟先后被贵族刺杀了。

格拉古兄弟死后，斗争以另一种形式继续，这场冲突导致罗马社会内部分裂，并爆发灾难性的内战。一方是民主派马略的支持者，另一方是保守且反动的苏拉的支持者。最终，苏拉实行残暴的独裁统治，创造了一种个人权力的模式，此后许多人试图效仿他。

决战发生在几十年后（以共和国的灭亡告终），两大杰出人物，一个是庞培，他曾率领罗马军队在东方获胜——从希腊到亚洲的犹太国，再到美索不达米亚，他还收复了西西里、西班牙和马略的支持者占领的非洲；另一个是尤利乌斯·恺撒，他打了个大胜仗，征服了高卢，他在亲自执笔的那本精彩的著作《高卢战记》中描述过这段经历，他还征服了比利时，并首次带领罗马军队进入德意志和不列颠。

在他缺席的情况下，庞培罢免了他的职务。恺撒没有放弃兵权，而是率领军队对抗罗马，公元前 49 年，恺撒进入罗马城。这场内战时间不短，打得也不轻松。公元前 44 年，恺撒被任命为独裁官和终身保民官。

恺撒引领共和国走向帝国。恺撒获胜仅五年后，阴谋者们就打着为了共和自由反抗暴君的旗号杀死了他。事实上，他们代表的是共和时代发号施令的旧贵族，他们反对的这个人继续深化了格拉古兄弟和马略的民主改革，给予外省人（非罗马人）成为元老的权利，罗马公民权延伸至乡野小民手中，同时有利于那群通过倒卖和投机致富的肆无忌惮且活力十足的新资产阶级的发展。

恺撒不仅把自己视为压榨其余城市的首脑，还把罗马看作一个统一帝国的心脏，因而，这个帝国比罗马旧贵族的私人利益重要。

他是推动历史向前发展的那些人的独裁者，不是开历史倒车的那些人的独裁者（比如苏拉或墨索里尼）。

恺撒死后，新的一轮内战开始了，先是“恺撒派”的安东尼、李必达和屋大维对抗刺死恺撒的主谋卡修斯和布鲁图斯，随后是安东尼对抗屋大维，历时十五年才重返和平。最后，公元前 29 年，屋大维大权独揽。

他像君主一样统治罗马，他用三十五年的时间奠定了帝国的基础，但保留了共和制的所有表象。他只给自己保留了奥古斯都和“第一公民”的头衔，实际上，他把所有权力——军队指挥权、司法权、财政权、各省的管理权，还有外交权——都攥在自己手心里。

他允许各省建造罗马女神庙，竖起奥古斯都神像；他的继任者却不钻这个牛角尖，而是把他当成活的神来崇拜。

奥古斯都将帝国版图扩大到多瑙河，之后放弃征服的政策，致力于巩固庞大帝国的内外和平。这种情况持续了很长一段时间，在此期间，三十万士兵足以维持这个面积为三百五十万平方公里、人口为五千万的庞大帝国的秩序。

奥古斯都把个人的权力和元老院的权力捆绑在一起，元老院由可信赖的人组成，他们属于旧贵族。想成为元老，必须至少拥有一百万塞斯特提乌斯[①]，而且这个资格要从身为元老的祖父和父亲那里继承。

除了元老院，他还创建了一个从属于他的官僚机构，与元老相比，他给予这些人越来越大的权力。

在奥古斯都之后继任的七个皇帝是提比略、卡利古拉、克劳狄一

① 古罗马银币。——译者注

世、尼禄、加尔巴、奥索和维特里乌斯，他们中有四个被杀，两个自杀。七十年里，罗马两次遭遇大火，分别是在尼禄和后来的提图斯统治时期。

稳定开始于安东尼家族的皇帝——涅尔瓦、图拉真、哈德良和安东尼·庇护统治时期。为了躲避威胁帝国的经济危机，图拉真恢复了征服政策，将罗马版图扩大到达契亚[①]、阿拉伯的部分地区和亚美尼亚。

罗马人享乐时，罗马帝国开始衰落

罗马帝国全盛时期开始出现裂痕，且不断扩大，并导致这座大厦倾覆。

① 今罗马尼亚。——原注

当时罗马有一百五十万居民，有宏伟的公共建筑，也有简陋的房子，类似在今天的工业城市郊区看到的普通百姓的房子。

房子一般五六层（当然没有电梯），但罗马并不缺少真正的摩天大楼，因为有人根本不在乎什么法令。奥古斯都时期，建筑限高二十一米；图拉真时期，降至十八米。

寡廉鲜耻的商人们盖起房子来可谓又快又差，根本不在乎什么法令，房屋很容易倒塌，还因为取暖器、火盆或者照明用的火炬和蜡烛经常发生火灾。

想灭火却没有水。十四座高架渠每天给罗马引来十亿升水，住宅里却没有水源。一个叫克拉苏的大富豪琢磨出一种利用这种情况的好办法：发生火灾时，他跑到出事地点，掏一点儿钱从失火的房主手中买下那块地，然后在原地建房。结果，他变成了整个街区的主人。

成千上万的罗马居民靠政府补贴过日子，没有其他养活自己的手段。人们逃离贫困的乡村，为了得到他们的支持，皇帝供养他们。全世界的财富涌向罗马，但全部落入了少数富豪、大业主、官员和腐败元老的腰包。

在罗马帝国，一年有超过一半的日子是节日，人们用这些时间来举行比赛、戏剧表演、宗教仪式和阅兵。大竞技场可容纳二十五万观众，每天甚至举行一百场赛马（每场骑行两千八百四十米，每天骑行二百八十四千米）。

当时有大量狂热的赌博爱好者，而且赌注惊人。赛场上免费向观众分发丰富的食物。皇帝向人群中扔奖券，幸运者能得到一艘船、一栋房子，甚至一个农场。

罗马还有三个拥有六万个座位的剧场，罗马最小的剧场比今天美国最大的剧场还大。

弗拉维安露天剧场，也叫斗兽场，有四万五千个座席和五千个站席。角斗士和野兽，或者角斗士之间在此搏斗了几个世纪。提图斯宣告斗兽场建成，一天内宰杀了五千只各种各样来自帝国各地的动物；图拉真时期举行了一百零七场比赛，有一万名角斗士参与。

从共和国结束到奥古斯都统治的这段时间是拉丁文学最富有成果的时期。卢克莱修、卡图卢斯、恺撒、萨卢斯特、西塞罗、维吉尔、贺拉斯、提布鲁斯、普罗佩提乌斯、奥维德、李维……直至今日，这些作家的作品仍被人们阅读着，喜爱着。

财富、精致、腐败、残暴、优雅、粗俗、艺术的辉煌和残酷的投机混合在一起，这就是罗马帝国，远非七座山丘的最初居民刚到那里时那么简单。

大帝国分崩离析

然而就在这时，不列颠人、日耳曼人、帕提亚人[①]已经在边境骚动；埃及农民起义；外族渡过多瑙河，在西班牙登陆。

图拉真之后的一个世纪，帝国陷入混乱，士兵、平民暴动，农民起义，外族入侵，抢掠。大兵们将一个将军推到帝王般尊贵的位置，没过几天，他就被杀死，由另一个人取代。

戴克里先（公元284年即位）这个精力充沛的皇帝设法恢复秩序，力图为帝国建立一个能抵御外族入侵和经济危机的行政结构，然而，罗马帝国的衰落是挡不住的。

君士坦丁一世将首都迁到东方的拜占庭（君士坦丁堡），然而，殖民地和奴隶的反抗一浪接着一浪，外族入侵逐渐破坏了秩序，帝国大厦即

① “帕提亚”源于古波斯语，原是伊朗人的自称，可能是“Persia”（波斯）的一个变音，代表着帕提亚帝国的创建者对古波斯帝国的认同，也作为对自身政治合法性的一种表达。——译者注

将崩塌。

公元410年，哥特人入侵意大利，抵达罗马，开始劫掠。几十年后，哥特人、汪达尔人、撒克逊人、法兰克人、勃艮第人和匈奴人永远终结了罗马的统治。

这一切到底是怎么回事？为什么这座几个世纪的大厦抵挡不住几个外来民族的攻击？

因为象征奴隶制度的经济基础崩溃了。古罗马是基于奴隶劳动的古代社会的最高点，它对地中海、欧洲大陆和中东的经济文化发展至关重要；它在法律、公共管理和建筑方面的成就经受住了帝国覆灭所遭受的毁灭性打击；希腊文化经由罗马人修建的军事和商贸大道传播到世界的许多地方；文明在参与紧张刺激的帝国民众生活的城市蓬勃发展；落后的民族被呼唤进步。然而，这一切依赖的是阻止生产技术发展的奴隶劳动；完全依赖奴隶劳动的农业，几个世纪以来逐步衰退。

财富集中在少数高官、金融家和地主手中，无数人落得一贫如洗。这些人对保护帝国、抵御外族不感兴趣，这个人还是那个人做主，对他们来说都一样。

在帝国整体衰落的时候，人们试图让宗教成为四分五裂的帝国的精神黏合剂。

然而，为时已晚，经济的破产和外族的压力已然让这座大厦破败不堪。

第五章

中世纪

垂死的罗马帝国让半个世界变成了孤儿，这时正被其他民族——西哥特人、法兰克人、勃艮第人、汪达尔人、匈奴人等攥在手中。这些人刚刚从森林、草原和沙漠里走出来，几个世纪以来，仿佛无尽的海浪，彼此推搡着涌向罗马。

亚洲的游牧民族止步于坚固的国家（印度、波斯、中国）的边境，只在西方找到了突破口；罗马在那里建立了帝国，但不再有自卫能力；意大利、高卢、西班牙经历了可怕的动荡，战争、侵略、贫穷，城市人口减少，学校关门，文明之光如夕阳西下般熄灭。

历史是一个好泥瓦匠，只在合适的地块上盖房

所有试图拿起恺撒的王冠戴在自己头上的人，都无法再现奥古斯都时代的辉煌。

历史是一个好泥瓦匠，只在合适的地块上盖房。他可以把罗马帝国建在奴隶劳动的基础上，但奴隶制已然衰败，社会的基础在转化，不再适合支撑这样的建筑了。

此时，古罗马世界的中心在君士坦丁堡，西罗马帝国终结后，东罗马帝国仍在继续。

一个皇帝——查士丁尼——追寻统一帝国的梦想，他的将军们把东罗马帝国的徽章——双头鹰——带到非洲和意大利。然而，在亚平宁半岛上，伦巴第人正在南下，准备建立自己的王国，同时，西哥特人在西班牙建国。

此外，查士丁尼的继任者们忙着抵御一个接一个的意想不到的攻击，最后，双头鹰失去了羽毛，阿拉伯之星在地平线上升起。

这是闪米特人的一支。此前辉煌过的闪米特人有巴比伦人、亚述人、犹太人、迦太基人……几个世纪以来，阿拉伯人一直是游牧民族：贝都

因[1]骆驼客、沙漠商旅，还有路过的富商，在沿海城市做着生意，经历了从波斯到罗马再到君士坦丁堡统治时期。

因此，一方面，他们是贫穷的商旅一族，另一方面又是文雅、富有、喜爱珍贵织物和在食物里加香料的市民。

当穆罕默德出现在他们中间，开始宣扬一种新的宗教时，穷人、贝都因人和小农阶层最先从中看到了反抗和拯救。

公元 622 年，穆罕默德来到麦地那。为了统一阿拉伯地区，也为了完成他的革命，穆罕默德从这里出发。

对于穆罕默德的继承者来说，一万八千名战士足以摧毁并征服波斯帝国，几年内，他们就占领了君士坦丁堡一半的土地。

波斯、巴勒斯坦、叙利亚、埃及、的黎波里塔尼亚、昔兰尼加、摩洛哥先后被征服。公元 8 世纪，阿拉伯人渡过直布罗陀海峡，征服了西班牙，并在那里停留了七个世纪。公元 732 年，他们向巴黎进发，但被查尔斯 · 马特尔领导的法兰克人挡住了去路。

他们还占领了西西里岛、撒丁岛和意大利南部，甚至一度来到罗马门口。

① 源于阿拉伯语，意为“住帐幕的游牧民”。——编者注

阿拉伯人：黑暗的时代文化与文明的使者和承载者

阿拉伯人在中世纪作用巨大。这个民族从荒凉的沙漠出发，在一个黑暗的时代成为文化与文明的使者和承载者。

阿拉伯人与波斯人和中国人接触，那个时代，波斯人和中国人正经历一段辉煌时期，阿拉伯人从他们身上学到了一切可学的东西。阿拉伯世界是一个巨大的熔炉，其中融合了迦勒底人的科学、希腊人的哲学，还有印度人的文学和数学。

阿拉伯哈里发的宫廷里有很多诗人、艺术家和天文学家。而此时，意大利人和法国人只是在书写圣徒的生活，是阿拉伯人为古代世界的文化重新繁荣创造了条件。

阿拉伯人不知如何仿照波斯或罗马模式建立一个有组织的帝国和一套国家行政管理机构，因此，他们终究要衰落。与其说他们是被敌人，不如说是被他们自己的无政府状态颠覆的。最后压垮阿拉伯人的是土耳其人——他们原本是突厥人的一支，公元 1299 年，奥斯曼一世建立奥斯曼土耳其帝国。

不过，我们这一步迈得太大了，应该往回走，回到法兰克人身边。

此时，他们正试图在西欧，在罗马的废墟上重建帝国。

查尔斯·马特尔的一个继任者——另一个查尔斯——也就是查理曼大帝，通过一连串胜仗统一了高卢、德国和意大利的大部分地区，并将势力范围扩大到波希米亚、摩拉维亚、匈牙利、克罗地亚和塞尔维亚。

公元800年，查理曼戴上罗马皇帝的皇冠，他让帝国从灰烬中重生的愿望似乎实现了，由于他的缘故，欧洲度过了一段安定的时期，经济和文化也复兴了。

人口增加了，农村进步了，这要感谢农奴，这些人从生到死都要被束缚在查理曼的贵族封臣的土地上。根据一条法律，“每个人都要依附于皇帝，或者皇帝的子女，或者其他权贵”。

广阔的领土靠一个组织维系，而它本身蕴含着解体的种子——“采邑分封制”。在每个省份或地区，代表皇权的是皇帝的封臣——伯爵、侯爵、公爵、主教、修道院院长，皇帝允许他们全权处理地方的军事、司法和财政事务，由他们管理并享受收益权的那块土地叫封地。

查理曼死后，统一的帝国瓦解了。为了争夺王位，开启了一段战争时期，日耳曼人的王国从法兰克王国分裂出来。新的民族——诺曼人、匈牙利人、保加利亚人入侵，终止了安定的社会生活。

国王或皇帝对封臣的掌控力越来越小，这些封臣，或是公爵，或是主教，实际上更像真正的君主。

名义上存在王国或帝国，实际上存在着无数真正的小王国，也存在着无数封地，有多少小国就有多少住在城堡里的领主。

我们正处在封建社会全盛期。第一个千年即将到来，这个时代动荡不安。“千年，不会有千年。”人们说。领主变成了骑士，即职业战士。在战乱中，农民、手工业者和劳动者只能待在乡镇，在城堡的庇护下生活。作为回报，他们以自由民或农奴的身份服从领主。

教皇国[1]和帝国对决：现代欧洲即将诞生

为君主专制的统一大国的形成创造条件需要几个世纪，暂时，封建地主比国王更有权势。

我们提到过诺曼人（北方人），也就是今丹麦人、瑞典人和挪威人的先民，简言之，斯堪的纳维亚人。他们大约在查理曼大帝时代走入历史，身份是胆大无畏的航海家。

公元8—11世纪间，他们在海上发动了很多征服战争，在荷兰、法国、英国、德国、西西里和意大利南部建立了一些小国。我们将看到，早在他们之前就有别的民族开始了征服战争。

公元11—13世纪间发生了几大决定性事件，现代欧洲从中诞生：城市发展和自治城市诞生；教皇国与神圣罗马帝国[2]（神圣罗马帝国在德

---

① 公元756年—1870年，意大利中部由教皇统治的政教合一国家。756年，法兰克国王丕平三世将从伦巴德王国夺来的从腊万纳至罗马的一片土地赠给教皇，教皇国从此开始。到近代国土逐渐缩小，1870年全部并入意大利王国，教皇退居罗马城西北的梵蒂冈。1929年建立梵蒂冈城国。——编者注

② 德意志国王奥托一世加冕称帝，是神圣罗马帝国之始，其统治者自命为查理曼帝国的继任者。——编者注

国重生，查理曼的皇冠转移到这里，“日耳曼民族神圣罗马帝国”崛起）因宗教权力和国家权力而对决；西方和西亚的土耳其人为了占领圣地对决；成吉思汗的铁骑从蒙古草原出发，横扫亚欧大陆。

这些事件相互交织融合，给人一种喧闹沸腾的感觉，此后，人全变了：不再是罗马人、法兰克人和诺曼人等。连续动荡后，出现了全新的现代民族——意大利人、英格兰人、法国人、西班牙人、德国人、俄罗斯人等。

千年后，城市复兴，重新挤满了人，那里生活着主教（这些人往往是城市里的“领主”）、商人、摆脱封建城堡奴役的手工业者和逃脱农奴制束缚的劳动者。

针对当时的危险，城市开始加固：围墙内的生活似乎更安全，也更容易得到幸福。相较于皇帝或国王统治时期，城市表现得越来越有安全感，越来越自由（米兰和它的盟友在莱尼亚诺打败了“红胡子”腓特烈一世）。

两百年来，教皇和皇帝对抗，交战，各有胜负，此起彼伏；为了获得自治权，城市，尤其是意大利小城，趁机寻求教皇和皇帝的保护，或者主教和伯爵的庇护。自治城市诞生了。

贵族骑士参加了各种战争，城市资产阶级趁机借钱给他们，以换取土地和利益；海滨城市积累财富，人们把船队租给军队，跟随他们去被占领国经商，在整个地中海地区从事非法交易。

一股贪婪的新兴势力大展拳脚，财富逐渐从封建领主的城堡转移到银行家、商人和船主的豪宅，城市的权力属于拥有财富和从事非法交易的人。

在中东，人们和睦相处。土耳其人的到来威胁到了西方特别是意大利的海滨城市——热那亚、威尼斯、比萨、阿马尔菲的贸易自由。于是，西方军队开始向东方进攻。

两个世纪里，西方军队七次进攻，有的成功，有的不太成功。其中还包括一次童子军的进攻，结果，这些孩子被卖为奴隶。还有一次，军队停在半道，以威尼斯人的名字去征服土地。如你们所见，军队没有足够的钱租船时，就要以实物支付。

海滨城市生意兴隆。城市资产阶级迅速致富，用华丽的教堂、宫殿和高塔装点城市，从东方引入新的风俗、新型织物，还有意想不到的知识，丰富了人们的生活。

与此同时，亚平宁半岛上的大部分意大利自治城市已打破封建主义的束缚。在其他国家，君主则鼓动城市新兴势力解除封建领主的权力：在法国，国王保证自治城市的自由，并与新兴资产阶级结盟，以建立一个强大统一的国家，实行君主专制制度。在英国，直到公元 1265 年，资

产阶级才进入议会；在西西里王国、普利亚、西班牙、德国和瑞典，这些自治城市的资产阶级同样朝着摆脱封建领主方向迈出了前进的步伐。

在低地国家荷兰，资产阶级于公元 13 世纪进入议会。三个世纪后，国王终于被废黜，建立了由城市代表组成的政府。

正如我们说过的，自治城市还利用教皇国与神圣罗马帝国之间的争斗寻求庇护。在查理曼统治时期，教士们更愿意服从皇帝和封臣（其中也有主教)，而不是教皇。

接下来的几个世纪里，教皇和德国皇帝们爆发了权力冲突。教皇妄图享有高于皇帝的权力，即使是在世俗事务上；皇帝妄图影响教会生活，即使在纯粹的宗教事务方面。

斗争有许多复杂因素。教会拥有巨大财富，向所有基督徒征收“什一税”，大笔资金流入意大利；封建领主、自治城市、农民和穷教士们肩并肩，反对忠于皇帝的主教和富有的修道院。教皇懂得如何利用这些力量，并坚持与皇家军队对抗。冲突中，每一种力量谋求的都是自身的利益。

关于这场冲突，永远不会有一个明确的结论。在这个过程中，君主的权力得以强化，之后，德国皇帝为自己加了冕。宗教事务与世俗事务之间的裂痕加深。

我们已经指出了自治城市的优势，教皇国和神圣罗马帝国和解时，意大利自治城市已经足够强大，完全不需要二者的权势。

公元13世纪，意大利的城市一派繁荣，学校数目众多，金钱比世界上任何地方都多。公元14世纪末，威尼斯有二十万人口，有史料表明，它是当时欧洲的第一大城市。意大利的海上地位和经济主导地位得到普遍认同。

佛罗伦萨的银行家们可以借数十亿的现金给英国国王和任何有需要的国王。

在意大利各自治城市的政府中，一个新的阶级——资产阶级——借助当地体制的多样性，首次站到历史最前台，将注意力转向确认自身的自由，以及争取经济和社会权利方面。

遗憾的是，其他国家正在统一的进程中（在西班牙也是，卡斯蒂利亚国王和阿拉贡国王将赶走阿拉伯人，建立一个民族君主国），而意大利的自治城市，不仅被极为血腥的敌对状态割裂，而且也被政党或派系斗争（他们含糊地表达不同的政治倾向，对教皇与神圣罗马帝国皇帝之间的冲突持有不同的立场），以及争夺统治权的阶层和家族之间的敌对从内部撕裂。

比如在佛罗伦萨，城市自治走到尽头时，一个银行家家族——美第奇家族——设法加强自己的统治，直至在城市的基础上建立了一个真正的主权国家。最高行政官让位给君主，我们在后面会谈到这一点。意大利经历了几个世纪的新文化的辉煌时期，政治统一却延迟许久才完成，并为此做出了巨大的牺牲。

自治城市的繁荣，以及与世界各地区的接触，为文化、文学、音乐、艺术的复兴创造了条件。中世纪的观念正在改变。

几百年前，人们生活在恐惧和无知之中，服从和受苦是人在世间唯一的命运。生活的其余部分并不重要，只要不跌入地狱的火焰就行，人生只是通往天堂的痛苦的过渡。

人与眼下的地狱共存！教皇将一个皇帝逐出教会，数百万人就会因为惧怕地狱拒绝服从这个皇帝，表达与教会不同的观点就会遭殃。

然而，好市民们完全没有想到，在为自己争取利益的过程中拥有了越来越多的生活权利。生活在这个地球上，你是可以得到幸福的。世上不只有《圣经》，你们可以读拉丁诗人和希腊诗人的作品；不只有圣托马斯·阿奎那的著作，还有亚里士多德（阿拉伯人让他的著作在西方流传下来）和柏拉图的著作……古希腊人、古罗马人也是人，他们的时代可以回来。帝国没有重生，生活却可以仿照当时的样子重生。我们即将迈入伟大的文艺复兴时期，这个内容我们将在下一章中讨论。

诗人但丁：新人

最能代表自己所属的时代，并对中世纪加以总结的第一个现代人是

但丁·阿利吉耶里。他的《神曲》虚构了一个去往地狱、炼狱和天堂的旅程，这是一幅充满活力的、迷人的全景图，对此，中世纪的人承受过，了解过，目睹过，也期望过。但丁赋予自己的各个身份——政治家、诗人、被放逐的爱国者——的热忱，是一种新人的热忱，他并非想着天堂，看着人间，而是想着人间，看着天堂。

人们将中世纪终止于公元 1492 年。那一年，最后一个阿拉伯人从西班牙消失，三艘西班牙快帆船在克里斯托弗·哥伦布的指挥下发现了新大陆。

人们也可以将其终止于公元 1453 年，因为这一年，土耳其人占领了君士坦丁堡，东罗马帝国的双头鹰标志（这个古罗马的残余物也崩塌了）向东迁移，被莫斯科大公——未来的俄国沙皇继承，直到 1917 年的十月革命，沙皇才被推翻。当时的俄罗斯不是一个统一的国家，大概由十五六个封建公国组成，一个半世纪以来，他们一直在对抗蒙古汗国，并努力幸存下来。

成吉思汗的蒙古汗国

公元 13 世纪初，蒙古部首领铁木真统一草原各部，建立蒙古汗国，被尊称为“成吉思汗”。此后，蒙古军队颠覆了西辽、西夏、吐蕃等多个少数民族的政权，与南宋联合灭金，又征服了波斯以及当今俄罗斯、波兰、匈牙利等国所在地的众多部落，欧洲似乎注定要被这个有“上帝的鞭子”之称的强悍民族吞噬。

然而，广袤的俄罗斯平原吞噬了蒙古军队，阻止了他们的进攻。

这个部落的首领成吉思汗死了，俄罗斯的抵抗并没有因此减少（在这场斗争中，俄罗斯开始辛苦地建立统一的国家）。

蒙古军队退回亚洲，在那里，他们完成了对南宋王朝的征服，结果却被古老的华夏文明征服了。当马可·波罗拜访元朝皇帝忽必烈时，中国的财富、贸易的繁荣、西方未知的发明、习俗的文雅、公路网、纸币的使用都让他大为震惊。

第六章

文艺复兴

各个历史时期的划分主要是出于方便，这对学者和学生们有用，因为分类事实更好记。但我们千万不要以为历史是一条笔直的长路，被标示距离的护柱和路牌整齐标记着，在某个确定的时候，乐呵呵地跟你打招呼：“公元476年，古代结束了。欢迎来到中世纪！”或者“公元1492年，您已进入现代。关于地理大发现，请与意大利航海家、西班牙的君主联系”。

历史事实要错综复杂得多，道路绝不是笔直的，相反，阡陌纵横，是个迷宫，进入里面，你还可能会向后走。即使我们已经来到发现美洲大陆的前夕，仍不止一次回头望，接着原先的思路讲下去。

举个例子来说，我们超过去了，却没有意识到驾驶员没注意写着公元1304年的护柱。最好现在就写下来，因为弗朗西斯科·彼特拉克[1]就出生在这一年。这是第一个“现代人”的名字，尽管美洲早就在那儿等着我们去发现。至少对人类而言，弗朗西斯科·彼特拉克七十年的人生与克里斯托弗·哥伦布的航海同等重要。

伴随着弗朗西斯科·彼特拉克的作品诞生了人文主义，人们重新发现“人文”，即拉丁作家的经典著作，重新评价俗世生活，释放人类理性，在科学思想的道路上给它一双强健的腿。

人文主义者重新将人放在万物的中心

人文主义者像古希腊人那样，重新将人放在万物的中心。这是一种重生，是生命、诗歌、艺术、科学和文明的复兴。

这一切在彼特拉克的思想中萌芽，他的求知欲转向古代，从中汲取的力量则对准现在和未来。

意大利位于这个美好的人类春天的中心：绘画方面有马萨乔、多纳

① 弗朗西斯科·彼特拉克（1304—1374），意大利学者、诗人，文艺复兴第一个人文主义者，被誉为“文艺复兴之父”。他以十四行诗著称于世，为欧洲抒情诗的发展开辟了道路，后世尊称他为“诗圣”。他与但丁和薄伽丘齐名，文学史上称他们为“三颗巨星”。——译者注

泰罗、皮耶罗·德拉·弗朗切斯卡，后来还有拉斐尔、米开朗琪罗和提香；思想方面，从人文主义者洛伦佐·瓦拉到尼科洛·马基雅维利，最先提出了对历史的科学阐释（马基雅维利还提出意大利统一的问题，但说得太早，因为还没有力量解决）；探究精神则体现在达·芬奇这个天才身上，他是画家，也是学者，他对科学技术的所有领域都很好奇，他还是个作家——他是个千面人，且面面迷人。

在欧洲，一股新鲜空气从意大利吹入法国、西班牙、德国和英国。无名商人从中国带来造纸术和印刷术的秘密，印刷术的应用最先出现在德国，并得以在整个欧洲发展，尤其是在意大利。印刷术让新老作品得以传播，催生出无数学校，复兴了大学生活，给予文化更广阔的视野。

尼古拉·哥白尼彻底改革了天文学：地球不是宇宙中心，它只是一

颗环绕太阳运行的行星。一个德国人制作了第一个地球仪，一家工厂生产了第一块怀表。

人类思维的边界扩展了，鹿特丹的伊拉斯谟在他的《愚人颂》和很多小册子里对无知的捍卫者不依不饶。

与此同时，陆地的边界也拓宽了。由于地理大发现，地球无限变大，比例不再与以往相同，这完全改变了地球上的生活和各个民族的命运。几十年间，我们对这个行星的认识超过了过去整整一千年。

然而，公元15世纪和16世纪的大航海并非只是想了解地球是什么样的，更多是出于明确且强烈的经济需求。可以这么说，人们感觉到这些需求时，很愿意设法去达成它们。

土耳其对地中海东部国家的统治，使东西方之间的贸易变得困难且昂贵，意大利的海上共和国处于垄断地位。

西方国家缺了来自中亚、印度和遥远的中国的产品不行，比如让食物变得更美味、保存更长久的香料（那时没有保存食物的冰箱）、豪华家具、丝绸和地毯等，必须找到其他到达亚洲的路径。葡萄牙人首先开始大胆地探索非洲海岸，1486年，巴尔托洛梅乌·迪亚士抵达非洲大陆最南端，起初这里叫风暴角，后来才有了那个更吉祥也不那么险恶的名字——好望角。葡萄牙人每到一处都会在那里设立贸易站，建立殖民地。

哥伦布开启大航海时代

克里斯托弗·哥伦布是热那亚人，在帕维亚学过数学，后来娶了一个葡萄牙船主的女儿，开始航海。1477年，他来到冰岛，并听到一些传闻，人们模糊地记得古时维京人的航行，他们还在西方遇到了一些陆地。

哥伦布相信地球是圆的，他毫不怀疑维京人跟随太阳运行到达了亚洲。他想，像地球转动一样向西航行，就可以到达东方。

直到1492年，他才将他的计划付诸实施，他从卡斯蒂利亚的伊莎贝拉女王那里得到三艘快帆船和八十八名船员，这些船员以前都是囚犯。

那时，最危险的航行的船员总是从监狱服刑人员，也就是罪犯中间招募。

1492年8月3日，哥伦布从帕洛斯起航。第二年的3月15日，他返回西班牙，船上载着新人——他到达的那片大陆的原住民，他以为他们是“印度人”。此后，哥伦布又横渡了几次大西洋，但始终不知道自己发现了新大陆。

1497年，意大利人约翰·卡伯特奉英国国王之命航行，抵达了哥伦布的“印度”，实际上是比哥伦布所到之处还要更靠北的美洲大陆。

次年，葡萄牙人瓦斯科·达·伽马到达了真正的印度，亚洲的那个印度，此前，他已绕非洲航行了一圈。

1500年，葡萄牙人卡布拉尔来到今天的巴西，并以国王的名义占领了这片土地。

同一时期，佛罗伦萨人亚美利哥·韦斯普奇代表西班牙国王远航，发现亚马孙河河口。

一个德国地理学家解释，“西方的印度”是此前欧洲人根本不知道的一片大陆，他还以亚美利哥·韦斯普奇的名字为其命名为亚美利加州。

1519年，葡萄牙人费尔南多·麦哲伦率领五艘船横渡大西洋，沿南美洲海岸航行，进入一片新的海域——太平洋。他渡过太平洋，来到亚洲。

但这次航行，只有一条船绕过非洲，最后回到欧洲。这条船完成了人类历史上首次环球航行，地圆说有了证据。

想看到类似的人类边界扩展需等到人造卫星时代。

世界中心转移到西方。大西洋沿岸的欧洲国家——先是西班牙和葡萄牙，后来是法国、荷兰、英格兰——经历了一段扩张时期，意大利共和国开始衰落，与东方的贸易垄断权被剥夺。地中海与外部世界的大交流被切断，贸易的心脏不再在意大利跳动。

西班牙和葡萄牙瓜分了新发现的大陆，葡萄牙垄断了非洲、亚洲和美洲的巴西；剩下的美洲留给了西班牙人。

一个世纪后，英国和荷兰确立了他们在海上的优势。与此同时，西班牙人完成了他们的殖民“伟业”。1519—1521 年，埃尔南·科尔特斯征服了墨西哥，对阿兹特克人富庶的帝国横加掠夺；1531—1534 年，弗朗西斯科·皮萨罗征服了印加人的秘鲁，屠杀印第安人，抢夺黄金、绿宝石和毛皮。

整个南美洲矗立起新的西班牙城市，殖民者将他们从新大陆抢来的财宝运回，献给西班牙国王，被掠夺的土著人换回的是洗礼。

我们已经说过，意大利正在走向衰落，城市自治时期似乎不可动摇的经济优势，因为贸易路线的转移被毁掉了，工业发展不足和农业进步迟缓已逐渐削弱了它的实力，因为银行家和商人不足以确保经济的日益繁荣。

文艺复兴时期，意大利的文化先进性是无可争议的，意大利文化是欧洲最辉煌的文化。然而，从根本来说，它是一种贵族文化，与宫廷和教皇的生活紧密相连，不会出现民族意识。

意大利民族的形成极其缓慢，且历尽苦难。公元14世纪末，意大利的无数大国、小国围绕着各自的宫廷自力更生。政治均势阻止他们互相争斗，但无法保护他们免遭外敌入侵，这个时候，他们不知如何一致对外。

对于想在欧洲称霸的人而言，征服意大利似乎是必不可少的。1494年，法国国王查理八世入侵意大利，要求归还那不勒斯王国，遭到拒绝，但入侵之路已经打开。

查理的继任者路易十二继续燃起战火，法国和西班牙为争夺意大利交战多年。在此期间交织着更广泛的战争，参与者有奥地利和神圣罗马帝国，然后是新教改革导致的宗教战争。西班牙称霸很长时间后，公元18世纪，奥地利当上了霸主。

意大利人迟来的反抗是昨天的历史，我们今天生活的这个统一的国家意大利，它的历史还不到一百年[①]。

① 作者著书时还不到一百年。——编者注

法国人的情况要好得多，他们在一场历时百余年（1337—1453）的对抗英国人的战争中，保住了民族独立和王国统一。英国国王觊觎法国的王座，在此期间甚至还征服了法国。

领导法国人反抗的是一个女农民——圣女贞德，围绕着她，民族感情找到了打败英国人所依靠的力量。后来她被英国人抓住，被当成女巫烧死。不过，“百年战争”结束后，法国收复了除加来港外的英王在法的全部领地。

没过多久，英国也没落了，法国发现自己被西班牙国王查理五世那个无边无际的帝国包围了，查理五世继承了德国、奥地利、荷兰和比利时的王位，当然，还有西班牙在美洲的殖民地。

从 1521 年起，法国和查理五世之间的战争也在意大利进行，亚平宁半岛上奔跑着德国雇佣军和西班牙步兵，罗马遭到洗劫（1527 年）。这期间，整个欧洲变得艰难且血腥，北欧人大规模反抗罗马教会。

从马丁·路德到宗教裁判所

表面上看，宗教改革是德国修士马丁·路德反对罗马教廷腐败的结果，当时教廷贩卖教职和赎罪券，以积聚必要的钱财来装饰梵蒂冈，并参与意大利的政治活动。实际上并非如此。

事实是，一片茂密的植物，总有特别复杂的根系，且属于不同种类。作为一种普遍力量，天主教会已没落一段时间了，教会在精神上至高无上的地位已被人文主义和文艺复兴撼动，思想的宗教外衣被剥去，重新披上世俗和资产阶级的外衣。

正在崛起的民族国家切断了与罗马在整个中世纪十分牢固的联系。对教会的不满情绪在德国、英国、法国和荷兰都很普遍；教士征收繁重的捐税，修道院的财富刺激了潦倒贵族的贪欲，也让王公和资产阶级眼红。贸易和财富向城市集中，这个经济变化让农民陷入贫困，对此深为不满的他们蠢蠢欲动。

当路德反抗教皇和查理五世（后者命令他放弃反对售卖赎罪券的“论文”）的时候，各种各样的力量开始行动起来，王公、贵族、知识分子、农民、资产阶级都在各自利益的驱使下，怀抱自由的希望或权力野心，拥护路德、茨温利、卡尔文和其他“改革家”的“改革”。

整个地区脱离罗马教会，并皈依“改革”后的宗教。

在英格兰，亨利八世国王亲自领导这次运动，脱离教会，拍卖财产，并宣布自己是英格兰最高宗教领袖。

在德国，挨饿的农民发起暴动，放火焚烧城堡，但在一场血腥的战争中被镇压下去了。路德本人也反对他们，建议王公们尽量多绞死人。

最终，民族资产阶级利用了这次运动，加强了他们在社会中的权力。无休止的宗教战争用鲜血把欧洲染红，统一的新教国家——挪威、丹麦、瑞典、瑞士、英国、荷兰——从此诞生。西班牙的权势被削弱，为了重新确立天主教信仰，查理五世的继任者腓力二世拿起武器，反对所有新教国家，但主要目的是夺回霸权。

腓力二世徒劳地攻击反叛的尼德兰，1581 年，尼德兰联省共和国[①]废黜了他，并宣布拥有主权。1588 年，腓力二世在妄图进攻英国的战斗中损失了整支舰队——无敌舰队。

---

① 又称联省共和国，中文俗称荷兰共和国，是 1581 年—1795 年期间，在荷兰及比利时北部地区所存在的一个国家。——编者注

这回轮到英国和荷兰在海上向西班牙发起攻击，掠夺西班牙和葡萄牙这两个殖民帝国了。

对于欧洲来说，这是一个大屠杀时期——开始于公元18世纪的“三十年战争”。在此期间，法国与新教国家结盟，给予西班牙势力以致命的打击，从而建立了自己在欧洲的霸权。

新的国家在欧洲诞生，革命之风从美洲吹来

公元17世纪，法国诞生了首个“专制国家”的范例，英国则出现了第一个代议制政府。正如大家所见，这两个国家走的是完全不同的路。

为了自由贸易和致富，荷兰商人不向他们的君主——西班牙国王纳税，反而起来反抗。同样，在伊丽莎白统治时期，英国文明的“黄金时代”，富裕起来的英国资产阶级自然也不愿承认统治者的“神圣权力”。英国人对抗西班牙人和葡萄牙人，他们是能干的商人和航海家，已然着手征服海洋，并开创了蓬勃发展的制造业。与此同时，英国人已经做好了进行另一种革命——宗教性不那么强的革命的准备。查理一世对代表民意的议会非常不满，下令解散议会。人民拿起武器击败了他，并在一个特殊法庭审判了他。1649年1月30日，他被处死。

这是欧洲历史上第一次审判国王，但不是最后一次。

四十年后的 1689 年，一项法律规定，英国国王无权废除法律，不征得议会同意，也无权征税、征兵。英国政府养成了一个习惯，执政时不太在乎君主的意见。十二个英国人中有不到一个人有投票选举议会议员的权利，但这仍然是自雅典民主后在欧洲建立起来的最能代表民意的政府形式。

然而在法国，“太阳王”路易十四（1643—1715 年在位）打造了第一个“专制国家”，一切取决于国王的直接意志和国家的至上利益。国家设立了一支常备军、一个中央集权政府和一套精确的行政管理制度，没给城镇或贵族的自主权留任何余地。他制定了一套经济政策，从殖民地进口原材料，发展工业和交通，政治上则继续在欧洲实施霸权主义。

路易十四的这个计划失败了，在公元 18 世纪的许多战争中，欧洲的权势均衡反倒首次得以实现。任何一个国家都不能强行统治欧洲乃至世界：法国没有强大到阻止奥地利壮大；英格兰不能再期望重新踏上欧洲大陆，但英国抢走了法国在北美洲的大部分殖民地，即将成为世界上最大的殖民强国。

与此同时，新的国家登上欧洲舞台。

俄罗斯以莫斯科大公国为中心实现了统一，从伊凡四世开始采用“沙

皇”的称号。这个巨大的国家的唯一财富是土地，社会建立在农奴制的基础上，从公元 17 世纪开始征服西伯利亚。

1689 年，彼得 · 罗曼诺夫登上王位，他就是后来的“彼得大帝”。那时，他十七岁，聪明，大胆，敞开心怀接受一切思想和经验。他去德国、英国和荷兰旅行，跟工人们一起劳动，学习技术，了解国家机构，研究军事艺术和政治规律。

回国后，彼得大帝发挥巨人的能量，像主人挥鞭一样，让士兵们到处剪商人和农民的大胡子，让他们有一个更现代的形象。他准备把俄罗斯打造成一个西式强国。他设立了一套国家行政管理制度，创建了一支陆军和一支舰队，发展工业，开挖运河，开凿矿山，建设了一个更靠近西方的新首都——彼得格勒[①]，甚至改革教会，使其受制于国家。

俄国准备在其他强国间实行强权政治，与当时北欧最大的国家瑞典交战二十年，足以打破欧洲那个地区的势力均衡。

此后，所有国家都要跟这个新巨人算账。

1701—1786 年（1786 年是腓特烈大帝，即腓特烈二世在位的最后一年）间，普鲁士——当时神圣罗马帝国的一个省——建立了强国，向奥地利和俄国宣战。

和“太阳王”的王国一样，普鲁士王国是个专制国家，但如果说法国的专制制度在凡尔赛宫的辉煌中诞生，有艺术家、作家和诗人围绕，那么普鲁士的专制制度则披着军事的外衣。

贵族、资产阶级和农民等级分明。贵族是王位的捍卫者，他们担任军队的将领，享有所有特权。王国秩序井然，到处弥漫着军营气氛。

普鲁士准备统一周围的整个德意志，这个任务要到下个世纪才完成。

最后，随着古老且辉煌的东方国家——比如印度和中国——开始衰落，新一轮殖民主义浪潮即将掀起。与此同时，非洲遭受劫掠，被榨干血汗，数百万非洲人被运到大西洋彼岸做奴隶，美利坚合众国——最年轻同时也最现代的国家诞生了。

---

① 今俄罗斯圣彼得堡。——编者注

英国侨民建立起集市，还有商人和农民的聚居地，相比于祖国那些剥削人的国人，他们拥有独立精神，而且越来越清楚自身的权利。

他们开垦新的土地，把新产品（烟草、玉米、马铃薯）散播到世界各地。他们虽然从英国获取源源不断的财富，但他们在英国政府没有代表。在祖国，他们被视为没有权利的国民。他们只被允许与大都市做交易，当然，还要给英国国王交很多税。

结果就像腓力二世治下的荷兰那样，殖民者反叛了。1776 年 7 月 4 日，他们的代表签署了主要由托马斯 · 杰弗逊起草的《独立宣言》，乔治 · 华盛顿领导了历时七年的战争，最终迫使英国人投降。1787 年，第一部美国宪法通过投票产生，这是前所未有的民主宪法。

他们还有强大的“盟友”帮助：法国国王的武器和金钱；诞生于英法的个人自由和政治平等的新观念；由英法哲学家和经济学家阐述的新的法律和社会学说，这些学说把欧洲资产阶级的自由和自主变成了现实，这个阶级在我们谈到的几个世纪里不断壮大，正准备夺取政权。

封建专制制度在资产阶级面前倒塌的第一个迹象出现在公元 17 世纪的英国，第二个迹象就来自这个不再臣属于英国国王的资产阶级的美国。法国大革命即将开始，这是世界历史上又一惊人的新篇章。

第七章

革命与反动

本章没有从日期，而是从解释“革命”这个词开始。

什么是“革命”？革命是一个旧政权被另一个政权推翻并取代后整个社会生活的转变。一个社会阶级没落，另一个社会阶级取得权力，最先取得的是政治权力。

举个例子来说，如果一个将军反抗政府，取得权力，但银行、工厂、土地的所有权仍掌握在原先那些人手中，这就不是革命，而是一场政变。如果一个国家的工人政权被一股力量推翻，取代它的是资本家，这也不是一场革命，而是一场反革命。革命是让历史向前走，而不是向后走的。如果一个国家由专制君主和掌握所有特权的贵族统治，资产阶级起来造反，并取得权力，这倒是一场革命。

革命是“历史的火车头”

法国大革命（其他国家随后也发生了革命）期间登上历史舞台的资产阶级，它已经成为最富有的阶级，但没有政治权力。它用武力推翻了一个旧阶级——贵族阶级和一个旧制度——封建制度。

旧社会建立在天生权力的基础上，新社会从革命中诞生，建立在财产的基础上，并宣称法律面前人人平等。资产阶级积累了财富，组织了工商业，拥有先进技术创造的机器。封建国家则像壳里的小鸡——壳是死的，而小鸡是活的。

为了靠自己的双腿走路，法国资产阶级打破了这个壳。数百万人积极参加革命，要求尊重他们的意志、能力和需求；而在封建制度下，他们只有服从的义务，他们还要上缴税金，为宫廷的奢华和贵族地主的懒惰付账。

这种类型的革命（我们也遇到了其他类型的、更先进的革命）在加快经济、社会、科学、工业和文化进步方面极为重要，基于这一点，卡尔·马克思称革命为“历史的火车头”。

法国资产阶级革命靠的是他们的哲学家、思想家、科学家、政治领袖和军事统帅，还有人民群众的帮助。不过，请注意，革命并不是一件提前计划好的事，不像计划第二天去散步：明天早上，大家准时集合，我们去干革命。

实际情况要复杂得多。同时必须说明，这一切的发生正是因为法国是靠一个过时的制度支撑着，而这个制度对所有人都不利：对国家不利，国家在欧洲的影响力和对市民的权威在下降；对市民不利，特别是对资产阶级不利，战争带来的财政负担和宫廷的奢侈消费都算在他们头上，贵族却拒绝承担；对忍饥挨饿的农民不利；对因表达了“不被允许”的理念而坐牢（就像伟大的狄德罗，因为自称无神论者被投入监狱）的知识分子不利。

事实证明，富起来的资产阶级有能力管理自己的事务，于是他们开始渴望管理国王的大臣们管不好的国家事务。他们开始传播新的理念：应当人人平等，阶级特权该结束了；思想应当是自由的，人的理性不应再被束缚。当然，最主要的是，工商业应该自由。

伟大的思想家和作家，如伏尔泰、狄德罗、卢梭、孟德斯鸠、达朗贝尔，批判现有制度、流行的观点和偏见、“专制国家”、陈规陋俗和宗教，他们对科学的热情和摆脱英国国王统治并宣扬“人权”的美国人的热情是一样的。1783 年，蒙哥尔费兄弟研制出的一个八百立方米的热气球，从地面升空，这件事似乎是新时代的象征。

政府决定召开三级会议，一个由教士、贵族和“第三等级”——资产阶级的代表参加的大会，为了准备这次会议，资产阶级把法国各地人民的抗议、诉求和建议整理成了“陈情书”。

第三等级的诞生

与会的第三等级不仅比其他两个等级人多势众，还有广大人民群众的支持和拥护，有史以来，他们首次发声，反抗压迫他们的封建领主、向他们征税的官员和蛮横无理的乡绅等。贵族们以为这些抱怨也许会继续留在“陈情书”里，但第三等级没有同样的意愿。修道院院长西耶斯写道:“第三等级是什么？什么也不是。明天将会是什么？是一切。”

这是一场革命。第三等级宣布代表民意，在国民议会和制宪会议上获得多数票，它给自己的任务是，不仅要提出一些改革方案，还要基于资产阶级的原则和志向，给法国制定一部新的宪法。

看到国王不肯认输、贵族支支吾吾，第三等级向人民求助，尤其是那些最激进、最活跃的人士，用巨大的骚乱、持续的示威来支持资产阶级代表。

1789 年 7 月 14 日，人民甚至攻占了巴黎的老监狱——巴士底狱，这是受人憎恨的专制王权的象征。作为革命的开端，法国后来把这一天作为节日，每年都会热烈庆祝。

农民们则攻击了象征封建权力的档案馆，革命对他们意味着土地所有权。

贵族们开始移居国外，他们从国外阴谋反对革命，怂恿欧洲的其他君主干预，挽救路易十六的脑袋。

革命者的回应是，废除贵族头衔，没收教会财产，选举法官，国王企图逃跑时，革命者剥夺了他的权力。

有那么几年，革命领导权掌握在吉伦特派手中，最终的出路似乎是建立君主立宪制。

但是法国卷入了战争，先是与奥地利和普鲁士，后来就连英国、俄国、西班牙、撒丁王国、葡萄牙、那不勒斯和荷兰也加入了这场战争。这时，共和党人（由雅各宾派领导，领袖是罗伯斯庇尔和丹东）占了上风，国王被判处死刑，随后被斩首，反革命的企图被扼杀了。他们开始严格依照平等的原则准备一部新宪法，并组建了一支人民革命军，他们知道如何找到胜利之路。

这一时期，罗伯斯庇尔是革命的灵魂。

共和党人用恐怖政策，也就是断头台来抵御所有敌人。直至今日，反对和批评法国大革命的人也喜欢谈论这一时期的过分血腥，确实过分，很多无辜的人被送上了断头台。然而，没有罗伯斯庇尔的无情能量，革命就不会胜利。

罗伯斯庇尔倒台是因为他遵循自己的不妥协和激进的民主理想，试图攻击大资产阶级这个代表财富的神秘力量，大资产阶级想利用革命在社会上树立自己的权威。结果，罗伯斯庇尔自己也被推上了断头台。

拿破仑·波拿巴：令整个欧洲颤抖的人

没过几年，大资产阶级就确立了对法国的专政，人民换了主人。这借助的是拿破仑·波拿巴的力量，这位军官出色地率领法国革命军在意大利和埃及取得了一次又一次胜利。

1799年，拿破仑成为法国第一执政；1802年，成为终身执政；1804年，他做了法国人的皇帝；1805年，他又加冕为意大利国王。拿破仑既是法国大革命的掘墓人，又是法国大革命在整个欧洲最有效的宣传者，他是忍受他的铁腕统治的人民憎恶的暴君，也是把这群人从落后的社会秩序的枷锁中解放出来的救星。

你听过关于他的很多好话，也听过关于他的很多坏话。他是一个非凡的军事指挥官，但一些历史学家在谈论他的军事才能时，忘了提及许许多多的人在他发动的战争中丧命。然而，那些只记得他疯狂远大的梦想和大屠杀的人，也忘了在拿破仑遍布欧洲的军队背后，还有比封建法

律更适合那个时代无数倍的资产阶级法典和他们的科学精神。

最初几年，他所到之处都会建立新的共和国，就像在意大利一样。后来，他给他的兄弟和妹夫们封了王，迫害曾经相信他的共和派，还羞辱王公、君主和教皇，但他制定了十分精细的政策。

在他的独裁统治下，法国大资产阶级巩固了大革命的成果，深深撼动了旧欧洲的根基。

若问他的做法是否弊大于利，要问的是，他在历史上的作用，至少到某个时间点，到底是火车头，还是制动器。那么，应当这样回答，不能把他的专政和希特勒、墨索里尼那种纯粹的、凶狠的反动独裁相提并论，此外，作为人来说，他们渺小到仅为拿破仑的百分之一。

拿破仑以将军的身份来到意大利，受到满怀希望的意大利革命者的欢迎，他们在法国大革命，特别是雅各宾派的理念中看到了在意大利将两种革命合二为一所需要的指引和典范。这两种革命，一是反抗主宰他们的外国人（奥地利人），二是反抗当地的君主或宗教势力，当时，从那不勒斯国王到教皇、撒丁国王，都以君主专制的方式统治。

意大利复兴运动就开始于那些年。1789—1799 年间，复兴运动在皮埃蒙特和那不勒斯密谋和酝酿，每年都有光荣牺牲的战士。就在那时——1796 年，在雷焦艾米利亚，一个意大利国家（奇斯帕达纳共和国）

首次采用了三色旗。然而，革命来到意大利（正如在欧洲其他地区）时，法国那些真心革命的力量已经被肃清了。

意大利的革命者们在法国也曾扮演过十分重要的角色，特别是菲利普·邦纳罗蒂，他打算将革命推到极致，实现完全平等，即共产主义。

在意大利，正如在欧洲其他国家，拿破仑的统治反倒催生出一大批爱国的共和派的秘密社团，比如后来在复兴运动中起了重要作用的烧炭党就是在这个时期发展起来的。随之而来的是一场缓慢、长期、最终不可抗拒的欧洲革命。

拿破仑一次又一次地击败了反法联盟，但后来遭遇失败。拿破仑遭到英国海军的重创，英国当时是海上的绝对霸主，也是与法国资产阶级争夺世界商业霸权的劲敌。拿破仑又远征俄国，打到莫斯科，结果惨败。1813 年 10 月，在莱比锡“民族之战”中，拿破仑面对的是德国人、奥地利人、英国人、瑞典人、波希米亚人等，结果，他又败下阵来。

1814 年，拿破仑退位，被流放到厄尔巴岛。他设法回到法国，重新获得权力和皇帝头衔，但仅持续百日，他再次面对同盟军，1815 年 6 月 18 日，他在滑铁卢战败。这次他被流放到大西洋一个偏僻的小岛——圣赫勒拿岛，并于 1821 年死在了那里。

击溃他的国内力量，事实上是他在领导革命武装时帮助建立起来的。

然而，他失败了，人民也没什么好欢喜的。

在人民出于爱国主义的热忱推翻暴君后，反动派开始跟人民作对，不顾一切地企图开历史倒车，重建封建世界，扼杀已经传播开来的自由平等的思想。

1814—1815年，胜利者大会在维也纳召开（法国也参加了，大革命中被砍头的那个国王的弟弟路易十八重登王位），主要议题是给欧洲带来新秩序，并确保欧洲的和平与稳定。

维也纳会议后，俄国、奥地利和普鲁士结成“神圣同盟”，无论哪里出现自由主义和民族主义都前去镇压。武装警察维护着墓地的和平、监狱的稳定。

西班牙人打着国王的旗号对抗过拿破仑，这些人回到祖国后，却发现被革命摧毁的宗教裁判所又恢复了。波兰没有获得民族自由，德国也没有实现很多反对拿破仑的爱国者梦寐以求的统一。土耳其人仍是巴尔干半岛的主人。

欧洲政治理想的向导是奥地利首相梅特涅，摆脱了拿破仑的爱国者当然从梅特涅身上得不到什么，他不承认法国大革命所调动的历史力量有任何价值。

总之，欧洲这口锅被扣上了一个沉沉的盖子。意大利分成七个国家，全部直接或间接由梅特涅监管，这个锅盖比其他地方的更沉重。

然而，战胜拿破仑的人产生了巨大的错觉。当然，倘若局势只关乎这个小个子科西嘉人，一旦打败他，一切就可以回到从前，那就好了。可是事情并没有朝着这个方向发展，因为拿破仑并非整朵浪花，他只是最显眼的泡沫。海浪可以倒退，但必然回头拍在礁石上。革命并不像梅特涅以为的那样，在“法国的思想”里，而是在事情本身，而且向来如此。

那些年正在发生一场任何军队都阻止不了的革命——工业革命，即一整套发明、技术进步、新机器和改变社会生活的经济基础的工业改革。

工业革命及一整套改变社会生活基础的发明与技术进步

我们仍处于小鸡在壳里成长的阶段：神圣同盟是一个钢和铅的壳，但壳里成长的小鸡——用一种先进的技术把自己武装起来的工业资产阶级——强大到足以搞乱反动国家组织、梅特涅支持的王权以及维也纳会议划定的边界。

资产阶级革命仍在继续，在拿破仑统治时期，在拿破仑倒台后，在神圣同盟时期，通过一百条不同的路径，前进，后退，伪装，爆炸，还有起义和公开斗争。

1776年，英国人詹姆斯·瓦特制造出第一台有实用价值的蒸汽机；1807年，罗伯特·富尔顿的蒸汽轮船在哈得孙河上首次定期航行；1819年，第一艘蒸汽轮船——“萨班那号”——横渡大西洋，从美国到英国，历时二十六天；1814年，乔治·史蒂芬孙制造出第一台蒸汽机车；1809年，在摩纳哥，德国人索莫林做了最早的电报实验，直到1837年，莫尔斯才发明出有线电报机；1844年，莫尔斯从华盛顿向巴尔的摩成功发出了世界上第一封长途电报，1858年有了第一条海底电缆；1857年，安东尼奥·梅乌奇制造出第一台电话机，美国人贝尔第一次打通电话。警察可挡不住时代的脚步。

工业革命可以从英国的煤炭开始，也可以从美国的棉花开始。要想把煤炭（炼铁所必需的）从常年被水泡着的矿井里开采出来，需要一种

水泵抽干矿井里的水，为了增加煤产量，蒸汽被用来驱动合适的水泵。

大量美国棉花从美国运到欧洲，需要新机器纺纱织布，因为手工业者的机器满足不了社会需求。这些机器发明出来了，也就是说，这些机器是在社会需要它们解决生产问题时出现的，同时，它们也改变了社会。

获得这些机器需要很多钱，手工业者没有钱，但积累了财富的企业家们购入了第一批纺织机械，手工业者们失业了，生活变贫困了，变成了产业工人。

工厂召唤土地被大地主霸占的农民进城。

工业进步使城市人口迅速增长。一个发明接着一个发明，所有部门迅速工业化，出现了新兴学科（化学、光学），出现了工业城市和工业区，工业创造的利润比过去任何行业都多得多。新资本家们开设新的银行，迅速成为国际强权人物。

资产阶级，也就是那个拥有金钱、机器和工厂，总之，拥有所有现代生产手段的阶级，在社会中变得越来越强势；同时出现了一个新的阶级——无产阶级，即非所有者的劳动者，他们向资本家出卖体力，工作时间很长，却仅得到不至于饿死的微薄工资，聚居在工厂或矿山周围肮脏的棚屋里。

最初，为了反对引进取代许多人力的机器，工人们激烈斗争过，举行过罢工。到了第二个阶段，工人接受了机器，开始争取更好的生活条件、像样的工资和说得过去的劳动时间。

《共产党宣言》：点燃希望的几页纸

社会从未遇到过新问题，但打着“社会问题”幌子的问题一个接一个地出现。工人中间出现的最早的工会组织形式遭到资产阶级政府的猛烈打击。

最早的社会主义思想——渴望一种社会组织形式，机器和工厂归集体所有，而不是被少数资本家垄断——出现了。

1848 年，在仍由神圣同盟操控的欧洲，卡尔 · 马克思和弗里德里希 · 恩格斯在《共产党宣言》中对自由和社会公正等理念进行了科学的阐释，深刻批判了资产阶级社会。那本寥寥数页的小书对历史而言无异于火车头！

一切并不是突然发生的。这中间错综复杂，如果资产阶级和工人是对手，那么，面对君主的专制统治，他们只能结成盟友，实际上的确如此；而受压迫的国家，比如意大利和波兰，工业落后，民族独立的愿望高于一切；在其他国家，比如德国，正是工业革命推动了民族统一的进程；而在美国，我们会看到，工业革命为南北战争创造了条件，我们在电影院里看过很多讲述这场战争的或真实或虚构的故事。

革命没有随着罗伯斯庇尔和拿破仑一同死去，这种迹象最早并不是出现在欧洲，而是在南美洲。西班牙的殖民地——委内瑞拉、阿根廷、秘鲁、墨西哥等——反抗宗主国，打败统治者并宣布独立，就像美国人打败英国人那样。神圣同盟没能干预，因为出于商业目的，英国人和美国人这次共同支持反抗者。

西班牙眼睁睁地看着它的殖民帝国终结，新的国家诞生。而在西班牙国内，1820 年爆发了自由主义运动，国王同意恢复宪法。同一年，在意大利，由烧炭党领导的自由主义起义在那不勒斯和西西里爆发，国王被迫颁布新宪法。但这次，梅特涅立即发动奥地利军队干预，并恢复了“秩序”，西班牙则要等到 1823 年。

从这时起，每年都有欧洲各国的人民为了自由而努力斗争，列个时间表就一目了然了：

1821 年——烧炭党在皮埃蒙特发动起义，被奥地利军队再次扼杀。

1829 年——希腊反抗奥斯曼土耳其帝国的独立战争结束。

1830 年——巴黎人民发动“七月革命”，国王出逃，一个“资产阶级国王”取代了他。

1830 年——比利时人赢得独立，葡萄牙、西班牙、波兰、意大利爆发民族反抗运动。

1831 年——艾米利亚－罗马涅和马尔凯革命被奥地利军队镇压。同年，马志尼创立青年意大利党。

1834 年——马志尼在萨伏伊组织的运动失败。

1844 年——马志尼的拥护者邦迪埃拉兄弟起义。他们在克罗托内登陆，后被枪杀。

1848 年——1 月，两西西里王国的国王被迫颁布宪法；2 月，轮到撒丁国王和托斯卡纳大公；3 月，教皇也如法炮制。

1848 年——3 月，法国革命。人民在街垒上竖起红旗，共和国宣布成立，但执政的大资产阶级跟工人作对；6 月，工人起义被武力镇压，死了一万人。

不过，1848 年，我们迎来了伟大的、革命的一年，这对欧洲来说意义非凡。资产阶级渴望掌握全部政权，无产阶级起来反抗，但还没有强大到取得成功。

运动从巴黎蔓延到整个欧洲。奥地利发生了革命，梅特涅被迫出逃。在意大利，威尼斯、米兰和整个伦巴第的人起来反抗，打算赶走奥地利人。柏林发生了三月革命。4 月，匈牙利反抗奥地利。每个国家的爱国者和革命者又像五十年前那样感觉胜利在望。

在意大利，撒丁国王卡洛·阿尔贝托介入，向统治伦巴第的奥地利宣战，起初那不勒斯、佛罗伦萨的君主和罗马教皇庇护九世追随奥地利，后来抛弃了它。

后来，阿尔贝托被那不勒斯、佛罗伦萨的君主和罗马教皇庇护九世抛弃。他在库斯托扎战败，一年后，再次败于诺瓦拉战役，被迫退位，流亡他乡。

自由独立最后的堡垒一个个坍塌了：布雷西亚抵抗了奥地利十天；马志尼领导的、加里波第保卫的罗马共和国，从 1849 年 2 月 9 日至 1849 年 6 月 30 日抵抗法国人；宣布成为“圣马可共和国”的威尼斯抵抗到 1849 年 8 月；即使在卡洛·阿尔贝托倒台后，罗马和威尼斯依然表现出意大利人不可动摇的独立的意志。

在意大利、奥地利、德国、匈牙利，反革命战胜了革命。在法国，共和国落入拿破仑的侄子路易·波拿巴手中。1852年，路易·波拿巴称帝，即拿破仑三世。害怕工人的资产阶级支持他，这不再是干革命的那个资产阶级，而是手握权力且捍卫自身权力的阶级。

正如你们所看到的，我们把发生在欧洲其他国家的事、革命与反革命的主要冲突和发生在意大利的事混在一起了，并没有讲意大利复兴运动，这是值得拿出来单讲的，而且回忆这段历史的文章也不会少。至于我们，只要记住，意大利的雅各宾派、烧炭党人、马志尼和加里波第通过民族革命让意大利获得独立自由的梦想没有实现。

他们缺乏成功的力量——强大、进步的资产阶级，不能制订一个社会计划，动员所有民众。意大利有的是“温和派”，而温和派不会将革命进行到底。

卡米洛·加富尔想方设法让皮埃蒙特和它的国王走在统一运动前列。他是欧洲政治这片惊涛骇浪中意大利这条小船的舵手，为了解放伦巴第（1859年，第二次民族独立战争），他与拿破仑三世统治的法国结盟。在此期间，意大利中部各邦投票决定并入皮埃蒙特。

1860年5月5日，加里波第带着一千个志愿者，乘两艘船离开热那亚附近的夸尔托，5月11日抵达西西里岛。几个星期后，他们在卡拉布里亚登陆，解放了那不勒斯，这次势不可当的远征至今仍是复兴运动中最迷人的故事。

1861 年 3 月 17 日，意大利王国宣布成立。1866 年，新的王国与普鲁士结盟，从奥地利手中收回威尼托（特伦托和的里雅斯特除外）。1870 年，普鲁士击败拿破仑三世（他担任教皇保护者的角色），意大利首都迁回罗马。9 月 20 日，意大利王国军队头戴狙击兵的羽毛帽从庇亚门进城。1871 年 1 月 17 日，普鲁士国王加冕，自称德意志皇帝。

普鲁士在德国做的事就是皮埃蒙特在意大利做的事：围绕着一个主导国家，经过一系列的战争，实现民族统一。无论是意大利还是德国的资产阶级，从一开始就没有经历过 1789 年那种大革命，因此，无论是在意大利还是在德国，依然存在不少封建社会结构（比如，意大利南部的大庄园）。

这给两个国家带来的麻烦都不小，关于这方面的情况，我们留到下一章来讲。

第八章

人类解放

关于这本人类简史，如果从上一章讲到的1870年意大利结束长期分裂，实现民族独立算起，我还有最近八九十年的事要讲。人到了这个岁数，应该儿孙绕膝，安度晚年。你的爷爷或太爷爷，倘若记性好，又活得不太闭塞，这些事他都可以给你讲，无须求助书籍，但还是需要一本日历来对照一下日期。

为了便于叙述，我姑且把本章将要讲述的这段历史比作一个老爷爷，他出生于1870年，那一年，罗马解放，暂时摆脱了教皇的统治，法国和普鲁士交战，意大利诞生了。

悲惨的生活促使几百万失业者、贫农、饥饿的无产者（意大利人、希腊人、爱尔兰人、德国人、波兰人等）起来反抗执政的资产阶级。每年都有很多人登陆美国，那里对劳动力的需求很大。对欧洲来说，美国是一个安全阀。

那里（美国）刚刚结束内战（1861—1865 年），在此期间，以工业为主导的北方战胜了靠奴隶劳动发了大财的南方农业种植园主们。这是一个你们都很熟悉的故事，因为你们在电影院里看过，被变着法地讲过无数遍。

战争结束后，农奴制被废除了。多么令人振奋的故事呀！但从小就哭着读汤姆叔叔的悲惨遭遇的祖父知道，即使是在今天[①]，美国黑人奴隶的后代仍没有享受到和白人同等的待遇；他还知道，那些从欧洲运到美国的“白奴”，其中绝大部分人的劳动只是为少数大资本家——从“石油大亨”到“罐头大王”——创造巨额财富。

1871 年，老爷爷一岁时，在被普鲁士军队打败的法国的心脏巴黎，爆发了一场工人起义，随后诞生了世界上第一个无产阶级专政的政权——巴黎公社。就在二十三年前的 1848 年，马克思和恩格斯发表了我们已经提到的那本小书《共产党宣言》，此书不加掩饰地描述了资本主义社会：一个不公正的世界，争斗不休，没有安宁，将广大的无产者，即各种财富的制造者，和占有他们的劳动果实的资产阶级区分开。他们还告诉我们，想要结束这场斗争，必须终结资本主义，建立一个社会主义社会，机器、土地、创造财富的手段归集体所有，创造出来的财富对所

① 本书写于 1958 年。——编者注

有人都有益。

巴黎公社向社员们表明，工人阶级不需要资产阶级的帮助也可以夺取政权，组织政府。然而，没有一个有能力指挥反抗资产阶级的决定性斗争的革命党指导他们。三个月后，他们就被镇压下去了，五万名无产者遇害，或被流放到遥远的殖民地。

然而，他们的创举具有无法估量的价值：他们的斗争经验对后来尝试并成功夺取政权的其他国家的无产者来说益处良多。

但我们不要事先泄露秘密，还是回到老爷爷身边。在他儿时，世界不断变化：资产阶级势力崛起，在所有国家占有工业快速发展的成果，并掌握科学技术；全球商业网络的通信手段越发高效；为了控制工业原材料的来源和销售产品的市场，几个强国瓜分了非洲和亚洲，建立起自己的殖民地，征服了没能参与工业革命的文明古国的人民；英国、德国、俄国、法国和美国的实业家、银行家和商人在全球范围内展开竞争；而在上述国家内部，资产阶级要面对工人运动的发展，工人们组织起来，争取更好的工作和生活条件，并建立政党，旨在夺取权力。

帝国主义时代在我们说的这个男孩的眼皮底下诞生了。他刚成家就要去非洲，就连意大利资产阶级也在那里尝试帝国主义冒险；为了争夺对整个亚洲的控制权，日俄战争爆发，那年，他三十四岁；他三十五岁那年，俄国爆发了资产阶级民主革命，尽管没有被过多关注；他四十一岁那年，意大利通过战争从土耳其人手中得到利比亚；他四十四岁那年，第一次世界大战爆发，帝国主义列强继续瓜分世界，他的儿子参军了，去“解放特伦托和的里雅斯特”；他四十七岁那年，俄国的无产者同时打倒了沙皇和资产阶级，建立了世界上第一个社会主义国家。

这一年，也就是1917年，是历史的一个新的转折点，社会主义时代开始了。大资产阶级利用一切手段疏远这个“妖怪”，社会主义思潮最薄弱的国家清除所有民主自由，建立反人民的独裁制度——法西斯主义。

到了1939年，面对德、意、日法西斯国家咄咄逼人的对外侵略扩张，美、英、法等国推行一种姑息养奸的绥靖政策。有很多年，老爷爷很担心，它们最终会达成共识，向苏联发起进攻，将社会主义从地球上抹去。

然而，法西斯想统治的是全世界。结果如何，我们已经看到了：法西斯主义和德、意、日帝国主义垮掉了；社会主义从亚得里亚海延伸到太平洋；帝国主义的支柱之一——殖民体系垮掉了；亚洲和非洲的新生国家登上了历史舞台。

生活在我们这个时代的人是这一切的见证者：他看见第一辆车上路，第一架飞机起飞，打开第一台收音机和第一台电视机；他看到物理学、化学、内科和外科手术的巨大进步；他看到全自动工厂出现，精密仪器像大脑一样驱动机器独自运转，替代数百个劳动力。

他从电气时代进入当今的原子时代。人类利用原子能这个工具可以彻底摧毁地球上的生命，或者在几十年内让物种重生，将文明送到地球的每一个角落，最后再去征服太空。

很少有哪个历史时期的事件如此密集。为了更好地理解我们所来到的这个时间点，并期待历史将在下一阶段写下怎样的篇章，让我们近距离观察一些事件吧。

帝国主义

一个拥有一家工厂，且工厂里有数百名工人通过劳动换取工资的公民是资本家。工资多少与产品的价值无关。一百名工人劳动八个小时，可以赚到十万里拉[①]，但他们制造的产品价值二十万或三十万里拉，资本家把利润揣进自己的口袋。这差不多就是资本主义的生产机制。

公元 19 世纪下半叶，资本主义的发展使许多国家形成了大产业，巨大的财富集中在少数人手中。在一个特定国家内部，化工行业被少数人垄断，汽车和钢铁行业等也是如此。

现代帝国诞生了，统治者是大工业家和大银行家，他们完全主宰了

① 意大利、梵蒂冈、圣马力诺等国的货币单位，现已被欧元取代。——译者注

一个国家的政治、经济生活。也就是说，他们不仅控制了工业和银行，而且通过政党控制了议会、政府和国家。为了控制原料来源，他们敦促国家通过武力占领经济比较落后的国家，他们用同样的方法为其产品在世界市场找到买主，因此诞生了帝国主义。

帝国主义自有他们的一套说法，比如，他们说占领非洲和亚洲是为了给那里带去文明；当他们因瓜分战利品起冲突时，他们会审慎地用“爱国”的理由掩盖战争的经济目的，还把绣有保险箱的自己的旗子藏在国旗后头。

殖民地、半殖民地国家的漫漫长夜

公元19世纪末，从加拿大到澳大利亚，从埃及到印度以及中国的很多地方，都飘扬着英国国旗；法国人占领了阿尔及利亚、突尼斯和撒哈拉沙漠以南的非洲的大片土地，还有中南半岛；荷兰的殖民地，除了苏门答腊，又增加了新几内亚、爪哇和加里曼丹岛；美国人（不久前还是英国国民）占领了菲律宾，并与其他帝国主义国家瓜分了巨大的中国市场；日本人用武力在中国开道；比利时人占领了刚果。

最后一个到的意大利占领了厄立特里亚和索马里，为了壮大殖民帝国，意大利向阿比西尼亚人（即埃塞俄比亚人）开战（运气不佳），而在本土，数百万饥民和失业者徒劳地争取国内社会关注；俄国在亚洲拓展领土；经济实力以前所未有的速度增长的德国现身于非洲的多哥、坦噶尼喀[①]和喀麦隆。

帝国主义者从所有这些被征服的国家获得了巨额利润，代价是：数亿人的苦难，他们忍受落后，被排除在技术进步带来的好处之外。

为了扩大在各大洲的影响力，帝国主义列强之间相互对立，展开不

① 坦桑尼亚的一部分。——译者注

留情面的竞赛，重整军备伴随着这场竞赛，交易在舰队和军队的保护下进行。当年轻的德帝国主义强大到足以威胁英帝国主义的世界霸权时，人们感觉到一场瓜分世界的新的战争即将打响。

帝国主义战争的"彩排"是为了争夺对中国东北地区和朝鲜的控制权而爆发的日俄战争。日本对俄国发动突袭，俄国惨败。很快，又发生了一件出乎所有人预料的事——俄国爆发了革命。

在这个沙皇统治的国家，多年来，资本主义比其他地方薄弱，资产阶级也没有进行过民主革命。这里正在开展一场浩大的革命运动，工人政党的先锋队由一个天才弗拉基米尔·伊里奇·乌里扬诺夫领导，他给自己取了一个战斗性的名字——列宁。当帝国主义国家的社会主义政党逐渐放弃工人阶级夺权的革命纲领，并满足于资产阶级为了拯救体制而做出的政治经济让步时，列宁从没忽略过权力的问题。1905 年革命期间诞生了"代表会议"(俄文音译是"苏维埃")，列宁的同志们立刻扮演了最重要的角色。

还有过一次武装暴动，被沙皇军队镇压了下去，革命之火暂时熄灭了。不过，革命也只是推迟了几年。

俄国无产阶级也进行了"彩排"。

欧洲战场血流成河，炮声隆隆

1914—1918年的第一次世界大战的导火索表面看起来无足轻重：一场发生在塞尔维亚的谋杀，这场谋杀有两个受害者，即奥匈帝国皇储斐迪南大公夫妇。奥匈帝国对塞尔维亚宣战，双方盟友相继介入，八百万人死于战火。这一切都是因为一场谋杀吗？

显然，正相反，帝国主义抓住这个机会展开殊死搏斗。一方是德国、奥匈帝国、奥斯曼土尔其帝国、保加利亚；另一方是英国、法国、俄国和后来加入的意大利、罗马尼亚和美国。日本也对德宣战了。谁都不想

在这场决定世界命运的冲突中缺席，谁都不想错过胜利者的分赃会议。

众所周知，俄罗斯帝国在这场战争中垮台，它并不是被德国人，而是被革命打败的；德意志帝国战败，奥匈帝国解体；一些新的国家——南斯拉夫、捷克斯洛伐克、波兰、芬兰、立陶宛、拉脱维亚、爱沙尼亚——从此诞生；欧洲边界明显变更；德国的殖民地被英法两国瓜分；美帝国主义崛起，跻身世界强国行列。

那意大利呢？战争爆发时，意大利与德国和奥匈帝国本来结成了三国同盟，但它忙不迭地宣布中立。尽管是同盟关系，奥匈帝国和意大利在特伦托和的里雅斯特的问题上仍存在分歧，当时，它们由奥匈帝国统治。同时，在巴尔干半岛问题上，意大利和奥匈帝国也有冲突。

此外，一个海岸线绵长且脆弱的国家，比如意大利，对抗不了英国这个海上霸主。

意大利帝国主义估摸着，要是英国赢了，得到的好处应该比从奥地利人那里得到的多。他们逼迫意大利与英法并肩作战（他们迫切需要意大利参与，只是因为意大利会提供新的军队，并迫使奥匈帝国和德国在南部自卫），这个想法受到民族主义者和领土收复主义者的青睐，对他们而言，这场战争有助于解放特伦托和的里雅斯特，完成民族独立事业。

很多天主教徒和民主派人士支持中立，但都没有强大到足以阻止意大利卷入这场违背国家真实意愿的战争。后来，干涉主义者中间冒出一个社会党前领导人贝尼托·墨索里尼，意大利、法国和俄国的帝国主义者们利用他，以便让受他影响的大众接受战争的想法。

几十万意大利人在这场战争中丧命，最终证明，帝国主义者打错了算盘，因为意大利的介入——分赃会议——只换来一丁点儿好处。

我们满怀深情和丧亲之痛纪念那些死者，他们是穿着军装的工人、农民、小资产者。他们没有计算过强弱，没有渴望过获利，我们必须牢记他们的牺牲，但我们也不要忘了他们身后那些靠军用物资和在三色旗的掩护下做投机买卖的无耻商人。

留给切萨雷·巴蒂斯蒂[1]的是绞刑架，"鲨鱼"们（人们这样称呼发战争财的人）得到的却是沾满鲜血的战利品。

社会主义

各国社会党曾发誓利用一切手段反对战争。到了关键时刻，无论是法国、德国，还是奥匈帝国、英国，除了极少数例外，绝大多数国家的

① 切萨雷·巴蒂斯蒂（1875—1916），意大利爱国者、社会主义政治家、民族统一运动人士。1916年7月12日，他被奥匈帝国政府审判，并被执行绞刑。——译者注

社会党都在爱国主义这个借口之下，转而支持本国政府进行的帝国主义战争。借口也意味着圈套。只有一个党没落入圈套——列宁的那个党。

从一开始，俄国的布尔什维克就很清楚，工人阶级只能有一个目标：把帝国主义战争变成国内战争，劳动者首要的敌人不在前线，而在国内，在政府里，在权力中。

1917 年，俄国，列宁说：一切权力归苏维埃

1917 年，战事正酣，俄国工人转而反对大屠杀，反对饥荒，反对沙皇和他的宫廷，反对资本家和大地主。工人、农民和士兵重新建立了“代表会议”——他们的“苏维埃”，即使在沙皇退位，共和国宣布成立，俄国资产阶级试图窃取人民起义的果实（资产阶级向来如此）时，他们也没有放弃把苏维埃变成一个革命工具。

怀着清晰的理念和史无前例的勇气，列宁和布尔什维克努力完成俄国革命决定性的一步——让权力属于工人阶级。“立即实现和平，将土地分给农民，全部政权归苏维埃。”短短几个月内，这些口号将推翻资产阶级、建立社会主义政权的必要力量聚集到布尔什维克周围。

1917 年 11 月 7 日，资产阶级政府被推翻，俄罗斯苏维埃联邦社会

主义共和国宣布成立，后来称作苏维埃社会主义共和国联盟，简称苏联。新苏维埃政权采取的第一个行动是无偿没收大地主的土地，宣布坚定的和平意愿。俄国为所有参战国的劳动者和士兵树立了榜样。

帝国主义国家立刻把新的苏维埃政权当成自己的主要敌人。在欧洲的战壕里则正相反，十月革命受到欢迎，被视作所有民族的大希望。

之后很多年，甚至在第一次世界大战结束很久以后，俄国反动派和英美法日等仍试图用武力推翻这个年轻的社会主义国家，迫使它与一支又一支军队作战。

然而这个新“公社”有自己的革命党、军队和列宁的领导，列宁是

人类历史上的顶级天才之一。这个小个子男人谦逊，无私，穿着不讲究，却是革命行动的巨人，他一个人的头脑胜过一支军队。

在被战争搞得筋疲力尽的德国，波罗的海的船员和柏林的工人起义，巴伐利亚州宣布为苏维埃共和国，他们仿效苏联，任命了人民委员。帝国主义者惊恐地意识到他们要输掉这场决赛。

反革命

为了反对德国革命向前推进，胜利者们发动了武装反革命。一个德国“社会主义者”（诺斯克）联合帝国主义者，用德国军队的武器血腥镇压了德国劳动者的革命，并杀害了革命领导人罗莎·卢森堡和卡尔·李卜克内西。

匈牙利建立了苏维埃政权，结果被“白色恐怖”摧毁。一股革命浪潮席卷欧洲。资产阶级用武力对抗，激起了法西斯主义。但与此同时，世界上第一个社会主义国家是安全的，先有列宁，后有斯大林的领导，他们利用布尔什维克的苏联革命者的力量，以及数百万人从一切奴役中解放出来的能量，建设一个新社会。

第一次世界大战刚结束几年，资本主义世界就在 1929—1932 年间经历了一场可怕的经济危机，三千万失业者流离失所。在苏联，没有主子、没有银行家、没有外援的社会主义经济庆祝了第一次胜利：这个幅员辽阔的国家以惊人的速度实现工业化，社会主义农业战胜了饥荒，原先几乎被沙皇的脚跟碾碎的几十个民族如今和睦共处。

和资本主义相比，社会主义的优越性已经显现出来了。失业率大大降低，文盲率大幅度下降。两亿人过上了更好的生活，第一次向人类示范，可以做到极大缩小阶级差别。大家重新团结在一起，把兄弟情谊放在更高的基础上，相信人类的理性和改造世界的能力。

第一次世界大战后的革命浪潮在意大利迅速产生影响。战争使人民群众的经济状况恶化，由于战争目标彻底落空，资本主义国家面临重重危机。

社会党在群众中有很大的影响，但它既没有坚定的革命理论，没有俄国布尔什维克的组织能力，更没有能干的领导者果断地将工人阶级的斗争方向转向夺取政权。

意大利共产党诞生（1921 年）得太晚，来不及掌握工人运动的领导权，并把它从灾难中拯救出来。意大利的大资产阶级自以为得到反对社会主义前进的民主国家的充分保护，已经准备通过墨索里尼的反革命运动颠覆它。法西斯主义和墨索里尼的“行动队”（这是一支地地道道的土匪队伍）野蛮攻击工会组织及工人的政治和民主机构。

法西斯主义

对意大利的攻击并非来自左派，而是右派。1922 年 10 月 22 日，墨索里尼与国家机关和君主政体中的当权者串通一气，在一场滑稽的“进军罗马”后当上了首相。

几年内，残留的民主自由被一扫而光；反对派被杀，比如社会党领袖马泰奥蒂，或者被投入监狱，比如共产党创始人安东尼奥·葛兰西，他于 1937 年死于狱中。

通过一种由金融资本和帝国主义者直接控制的新型专制国家，大资产阶级实行了二十多年无情的专政，其他国家也效仿这种模式，比如奥地利、匈牙利、波兰、罗马尼亚、保加利亚、西班牙、葡萄牙……

大资产阶级认为找到了“反布尔什维克的良药”。当德国也确立了一种更凶狠的法西斯主义——希特勒的纳粹主义后，德帝国主义准备报复第一次世界大战的战胜国，很显然，世界即将开始一场新的战争。

为了及时阻止侵略者，苏联多次提议社会主义国家和资产阶级民主国家建立“统一战线”，但这一切都是徒劳。在法西斯主义和社会主义之间，帝国主义选择了前者，小心地扶持它，资助它，刺激它。他们以为

早晚要把它投向苏联，让它和社会主义一起完蛋。

同时，他们允许日本侵略中国东北地区（1931 年）；允许墨索里尼侵略埃塞俄比亚；允许德国和意大利出动法西斯军队扶持西班牙的佛朗哥，血腥镇压所有反法西斯国家（其中包括许多意大利人）捍卫的西班牙共和国。

以英国为主导的帝国主义者为了希特勒牺牲了奥地利和捷克斯洛伐克。帝国主义者幻想为他去东欧开绿灯，避免直接与其一决雌雄。随着时间一年年过去，重新分割世界的战争必然发生。

苏联比英帝国主义更清楚法西斯是怎么回事。法西斯的目标是统治全世界，但社会主义国家不会为帝国主义国家火中取栗。苏联与德国签订了《苏德互不侵犯条约》(1939年)，英帝国主义的计划泡汤了。

不久，希特勒发动了战争，意大利和日本相继和他站在一起，英国和法国不得不面对侵略者。不到一年，德国就击败了波兰、丹麦、挪威、荷兰、比利时和法国。轮到英国独自面对纳粹军队了，那些以为能骑在老虎身上随意指挥它的政治领袖下台了，让位给其他人（丘吉尔）来拼命挽救英国的败局。

整个欧洲向德国屈服。数百万欧洲人民被强制劳动，在集中营里被杀害，在焚烧炉中被消灭。

1941年，希特勒突袭苏联、日本突袭美国珍珠港后，苏联一直以来的主张变得清晰起来：只有建立反法西斯联盟才能拯救世界，避免全盘法西斯化。

爱国者和民主派在南斯拉夫和希腊，在苏联、挪威和法国领导反抗侵略者的英勇的游击战争。

在斯大林格勒[①]，苏联挡住了纳粹的脚步，逆转了命运。战局改变了，对于被希特勒占领的所有欧洲国家而言，共产党领导的军队是解放军。

---

① 今俄罗斯伏尔加格勒。——译者注

军事失利首先击溃了意大利法西斯，同样是意大利人拿起武器，反对墨索里尼和纳粹，书写了意大利整部历史中最美丽的篇章，这就是抵抗运动。德国被击垮，占领，一个苏联人将社会主义胜利的旗帜插上希特勒曾梦想征服世界的那幢建筑的屋顶。美国用两颗原子弹制服了日本。

法西斯的计划失败了，帝国主义的阴谋也没好到哪儿去。第二次世界大战不仅没有终结社会主义，反而有一批社会主义国家在欧洲和亚洲出现。短短几年内，殖民体系一点点地瓦解，印度人和阿拉伯人，摩洛哥人和阿尔及利亚人，印尼人和中南半岛人，马来人和撒哈拉沙漠以南不少地方的非洲人重获自由，帝国主义统治的范围大大缩小。

想回头是愚蠢的，社会主义再也不会被打倒；无论在印度、中国还是埃及，帝国主义者都不会像几十年前那样，重新回来做主人。

今天的世界和明天的世界

今日如何？明天又会怎样？在此我们无法详尽描述当今的世界，况且，被水淹没头顶的人很难形容瀑布。我们也无法预测未来，我们从历史中看到，事情演变的趋势出乎我们的预料。

我们知道，现在仍有帝国主义者决心靠武力解决世界问题；我们知道，一场由现代技术制造出来的原子武器主导的新战争可能意味着地球一大部分被毁灭；我们知道，社会主义强大到足以强迫帝国主义与之共存，并和平地竞争；我们知道，我们掌握着一种惊人的技术，但还不知道怎么用。

只有一件事是肯定的：所有民族都已经目睹了社会主义国家的进步，这使得今天有越来越多的人为决定自己的未来而斗争。

如果不是曲意逢迎人类历史，而是联合在一起创造历史，如果懂得控制社会关系，就像控制自然力量和技术工具，如果我们对自己有信心，明天的世界将会更公正，更自由，更美好。

一个没有傲慢、没有饥饿、没有无知的世界，一个更团结、更友爱的世界。

如果这个世界在明天，或者五十年、一百年后出现，它会是什么样？我们不知道，但我们除了为它的到来而努力，一天天去建设它，让它符合我们的梦想，还能怎么做呢？

附　录

坐看云卷云舒：
我眼中近半个世纪人类历史的侧影

达里奥·福

16世纪伟大的戏剧人、即兴喜剧的先驱卢赞特曾问自己："人的真正价值是什么？或许是为了活得长久些？今天有人能活到一百多岁，但我们只在他们死的时候才注意到他们。对于他们的生活，活着的时候什么样，没人留意过。我们注意到了他们的尸体，而他们的存在没有在我们的头脑中留下任何痕迹。

"与此相反，有的人年纪轻轻，生命便停止了。他们活的时间那么短，但他们匆匆而过的生命，却留在每个人的头脑中、心坎里，那么强烈，沉得像块石头。他们的一举一动像是用凿子刻在人们的记忆里。他们跟你说话，听你说话时，是个真正的人。他们懂得保持沉默（知道何时开口，何时闭嘴），但你感觉他们就在那儿，过着和你一样的生活，体会着和你一样的喜悦和绝望。寿命长短并不重要，重要的是你留下的行为的分量。"

罗大里在这部《人类简史》中十分清晰且反复强调了这个观点，我再配上一段必不可少的解说词：学习历史时，当心你们碰到的那些杰出人士，不要被他们搬上舞台的壮举欺骗、震撼，同时请留意那些更卑微、更简单的人。比如：亚历山大大帝率领军队到达了印度。好！好样的！但你们问问自己："他从那些人身上发现了什么？损失了多少士兵？多少人活着回来了？他的工匠们从这次胜利中得到了什么好处？"

破解一个历史时期，只"活"在里面是不够的

同样，我还请你们用罗大里所指出的同样的观点思考这半个世纪来发生的事。

不要停留在事物表面，把它们颠倒过来，咀嚼它们，闻一闻，嗅一嗅。

永远不要满足于一个版本。还有，要记住，想清晰地破解一个历史时期，只"活"在里面也是不够的。不，必须采用怀疑和查证的方法。试着看看平面图和立体图，然后重新画出截面图和透视图。只有这样，你才能明白它的真正形态。

就我个人而言，我可以这么说，对于这令人目不暇接的半个世纪，我是过来人，我没有代理人，每次都是用自己的眼睛看。

我还记得，仿佛就在今天，战争刚结束时，节日的气氛、满怀的希望和创新的兴奋感染着我们所有的年轻人。当时我还不到二十岁。我们

把生活写在一张巨大的、洁白无瑕的纸上。

1946年，刚刚卸下英国首相职务的丘吉尔访美，发表“铁幕演说”，由此揭开了美苏之间“冷战”的序幕。1947年3月12日，美国总统杜鲁门在国会两院联席会议上宣读了后来被称为“杜鲁门主义”的国情咨文。“杜鲁门主义”是干涉别国内政的代名词，它的提出，标志着“冷战”的正式开始。

1946年，意大利举行了选举——我们“二战”后的第一次政治竞选。天主教民主党获胜，他们的统治期无限长，似乎不会动。

谢尔巴[①]的方向盘攥在法西斯政权的老人手中，他们攻击示威的工人，开着军用小卡车撞他们，近距离对他们开枪射击。有人死去，甚至包括占领土地的农民。学生们很平静，不活跃，他们仍是特殊阶层。

然而，意大利正从战争的灾难中恢复过来，美国人制订的马歇尔计划[②]除了给我们提供经济援助，还在组织典范方面帮了忙。

现在，你们真想对那个时代有个接近真实的了解吗？好的，与其看书，不如借助电影，所谓的新现实主义电影。

世界上没有哪个国家能表达并呈现这么多具有如此高级的社会和历

---

① 马里奥·谢尔巴（1901—1991），意大利律师，天主教民主党政治家，从1954年2月到1955年7月担任意大利第三十四任总理，从1969年到1971年担任欧洲议会主席。——译者注

② 官方名称为“欧洲复兴方案”，是第二次世界大战结束后美国对被战争破坏的西欧各国进行经济援助、协助重建的计划，对欧洲国家的发展和世界政治格局产生了深远的影响。——译者注

史形态的杰作。想了解现实的分量，以及那时意大利人的生活处境，看看罗西里尼、德·西卡、费里尼、德·桑蒂斯、埃莫尔、罗西、利萨尼，还有其他很多人的电影就够了。

我邀请你们观赏另一种记录表达的形式，那就是戏剧。那时，战争刚刚结束，所谓的“永久性剧场”诞生了，比如米兰的小剧院，还有热那亚、都灵和罗马等地的其他剧场，整个欧洲为之惊异。

我们头一次在舞台上看到了整个法西斯统治的二十年间被禁演的作品，如加缪、布莱希特、托勒、萨特等人的作品。然而，给我们印象最深的是经典作品重现。我就是在那个时候开始从事戏剧工作的。

我天生倾向于讽刺：我、杜拉诺、帕伦蒂、乐寇和弗兰卡一起把《一针见血》和《该捆起来的健康人》先后搬上了舞台，它们这是最早出现在意大利剧院的政治讽刺剧。此后接连诞生了一个又一个讽刺剧团。去找找这些演出的文本和资料片，还有所谓的卡巴莱歌舞表演吧，你们会得到无价的文献和真正的讽刺利器，它们会为你们提供一份关于那个时代的珍贵综述。

说到那个时代，恰恰就是在那些年，我认识了贾尼·罗大里——一个真正讲究综合和关注本质的大师。他搜集了大量材料，从中加以选择，并简化为一页页文字。因此，当他的作品的出版商提议让我来续写这部《人类简史》时，我深感荣幸，但我不认为自己可以继续他的工作，将人类直至21世纪初的历史进程写得如此简洁而又精确。我就当自己在赛跑，可能跑得有点东倒西歪，也许因此对我所确定的教育目的更有用。

“二战”后文明和社会复兴，重建房屋和良心

我们说到了马歇尔计划与意大利的产业、文明和社会复兴，所谓的经济腾飞时期，重建房屋和良心。乍看之下，似乎目睹了一场欢乐的自行车环城公路越野赛：各种建筑冒出来，很多车在大街和高速公路上跑，像是在一篇荒谬的童话里。

当马歇尔计划临近结束时，西欧国家中绝大多数参与国的国民经济都已经恢复到了战前水平。在接下来的二十余年时间里，整个西欧经历了前所未有的高速发展时期，社会经济呈现一派繁荣景象。在意大利，制造业繁荣了，有阿尔法·罗密欧、比安奇、蓝旗亚、黄蜂和兰布列达。尤其是阿涅利家族的菲亚特，傲视群雄。

在进入戏剧界之前，我曾在一家建筑公司的一个工作室做建筑师助理，当时我就发现了一些不太干净的东西——贿赂的游戏。那是战后第三年，因为一项新的城市规划，农田立刻变成建设用地，这项交易价值数百万里拉，相当于今天的数十亿。我很愤慨，或许我因为过于讲道德，马上辞职了。

戴着眼罩看，一切似乎都很顺利。偶尔爆发一次危机，大规模解雇工人，政府干预调整，南方来的其他工人在简陋的房子里悲惨栖身。人们示威游行，连学生都行动起来了。

人们发现了“黑手党”的存在，短短几年内，七十个工会会员被谋杀，“鹰嘴豆山口大屠杀”骇人听闻。每次选举，左派似乎都有希望获胜掌权，可是没法子，就是掌不了权。

与此同时，工人斗争越发艰难，欧洲和美国的大学开始起来声援，但学生们意识到，他们的特权是不存在的。

在米兰，一枚炸弹在农业银行爆炸，十六人死，八十二人伤。无政府主义者——尤其是五六个积极分子——被认定对此事负责。其中有个叫皮内利的被请到警察局，他被人从五楼扔了下去——有人想试验一下暴民会不会飞。

事情很快就清楚了，至少对没蒙上眼睛的人而言，这一切都是警察的特种部队安排的国家大屠杀，包括银行那枚炸弹。事实上，几年后，人们发现这起罪行背后行动的是宪兵部队，很多上校和将军打头阵。没有人被指控，更不用说操纵整个行动的政客。斗争继续，诉讼翻倍；其他炸弹爆炸，甚至在车站里和火车上。最终，各种大屠杀的遇难人数上升至五百多。

几年后，越南战争打响。起初像是昔日的殖民行动。年轻的美国人应征入伍，到了越南，他们发现自己受骗了。于是，有人开始公开烧征兵卡，但对政府而言，这些事无关紧要。

伟大的军事战略家们预测，这也就是几个月的事，越南共产党领导的小股武装会被闻所未闻的美国军事威力统统消灭。然而，结果正相反：美国人不得不像马戏团演出中的杂技演员那样，挂在自己的直升机上离开。

我记得胡志明和他的农民们获胜那天，在被我们占领的米兰自由宫里，在自由宫门前，还有大公园里，十万人唱唱跳跳了一整夜。

1956 年 2 月 25 日，斯大林的继任者赫鲁晓夫在苏联共产党第二十次代表大会上所做的秘密报告，在国内外产生巨大的反响。他一手导演了 1962 年 10 月的“古巴导弹危机”，这个事件被看作是冷战的顶峰和转折点。在世界史中，人类从未如此近地站在一场核战争的边缘。

冷战时期，美国和苏联及他们的盟友虽然分歧和冲突严重，但对抗双方都尽力避免导致世界范围的大规模战争的爆发，其对抗通常通过局部代理人战争、科技和军备竞赛、外交竞争等“冷”方式进行，即“相互遏制，却又不诉诸武力”，因此称之为“冷战”。美苏之间的太空争霸，起初苏联人一度占尽了上风，总是与一连串的“第一次”联系在一起：第一次成功发射人造地球卫星，第一次拍摄到月球背面的照片，第一次载人太空飞行，第一次太空漫步，第一名女宇航员上天……直到 1969 年 7 月 21 日，美国使用“阿波罗 11 号”将航天员阿姆斯特朗送上月球，才算不失颜面地扳回关键一局。

在意大利，一些工人小团体展开所谓的暴力革命行动。在罗马，“红色旅”成员杀害了阿尔多·莫罗[①]的随从，并绑架了莫罗。

国家不能在勒索面前屈服。

或许为了救出莫罗，可以达成某种妥协。他在一封信中发现自己被抛弃了，于是大骂天主教民主党，预言在他死后不久，这个党就会在它自己的政策中分裂解体。

贝蒂诺·克拉克西领导的社会党进入执政联盟。这个克拉克西是个奇迹！在天主教民主党占多数的政府当上了总理。

历史从不像历史学家预测的那样向前发展

在苏联，戈尔巴乔夫倡导一种以超阶级的全人类价值为基点的“新思维”，整个苏联处于危机之中。

东欧剧变，柏林墙被拆，苏联解体。

这是冷战时期终结的标志。

---

① 阿尔多·莫罗（1916—1978），意大利著名政治运动家，天主教民主党领袖。1978年3月16日，他被左翼极端恐怖组织“红色旅”成员绑架，并于5月9日被杀害。——译者注

美国成为唯一的世界强国。

经过一番斗争与反斗争，俄罗斯重生。

罗大里说得对，历史从不像历史学家预测的那样向前发展。

与此同时，在意大利出现了一个奇特的人物——一个来自阿尔科雷的伦巴第小企业家贝卢斯科尼，他在短时间内获得了巨大的声望和丰厚的金钱。一个有趣的细节是：贝卢斯科尼是克拉克西的哥们儿。

“净手运动”爆发，一些法官调查各个党派，尤其是政府的暗箱操作，发现有些人从想在特别项目中中标的企业家那里收受数十亿贿金。

这起丑闻导致政府倒台，大部分支持政府的党派解体。

“没有了优丽狄茜[①]，我该怎么办？”奥菲欧——贝卢斯科尼唱道，这里的优丽狄茜是贝蒂诺·克拉克西，他已经下台，被判入狱，后又被迫逃往突尼斯。

贝卢斯科尼投身政界，他获胜了，成为政府总理。后来他下台了，

① 《奥菲欧与优丽狄茜》是三幕歌剧，意大利文脚本作者为卡尔扎比吉，故事情节取自希腊神话，由德国作曲家格鲁克谱曲。剧情简介：歌唱家奥菲欧的爱妻优丽狄茜不幸死了，他非常悲伤。奥菲欧悲痛欲绝的歌声打动了爱神，允许他用动人的歌声救回爱妻，并警告他在跨越冥界、返回人间前不得看妻子的脸。奥菲欧如愿以偿，但他一眼不看妻子的脸却使妻子很不理解，在她的苦苦哀求下，奥菲欧忘记了爱神的忠告，回头看了她一眼，优丽狄茜随即倒地死去。奥菲欧后悔莫及，欲殉情。爱神被他的真情感动，再次显形相救，终于救活了优丽狄茜，使他们夫妻得以团聚。——译者注

但又卷土重来。

人类历史来到2001年9月11日，在美国，这是一个灾难日。恐怖分子劫持了三架飞机，其中一架撞向五角大楼，其他飞机撞向纽约的双子塔。

世界为之屏息。

奥萨马·本·拉登是恐怖分子的领袖，面对一浪高过一浪的追捕恐怖分子的攻势，时任美国总统乔治·沃克·布什承诺一定要抓住大屠杀的凶手，恐怖分子的首领在阿富汗，他只能去那儿抓他。

美国军队的远征有阿富汗和巴基斯坦的军方协助，先是无法穿越的山区遭到日夜轰炸，之后美国转为地面进攻。本·拉登这个恐怖分子的大头目，肯定藏身在某个山洞或岩穴里。

正如一首老歌中所唱道的：

他在这里，在上面，在下面，在树林里面，
他带着军队进了矿山啦，
白天找他，晚上找他，
每个塔利班被赶出来枪杀。
可是，他不在呀。
有人看见，这个老奸巨猾的家伙

骑着吉雷拉摩托

逃到山谷里啦……

好吧，他不这儿，就在那儿，肯定在萨达姆那儿，我们去攻打伊拉克！

“好的，可是，用什么借口呢？”

“开什么玩笑？我可是美国总统，打一个恶贯满盈的独裁者，这还需要借口吗？况且，他还那么自以为是，经营着世界上最大的油田之一。”

“不需要，但总得讲点方式方法吧，至少在历史上……”

“好吧，我打他是防患于未然，因为他可能会袭击我们。”

“这不够。这个暴君用什么袭击我们？”

“用大炮和坦克！”

“太少了，不够。”

“用神经毒气和原子弹！”

“这个可以，这就够了。但必须证明这个浑蛋拥有大规模杀伤性武器。”

“我们派一队科学家去调查。”

“不能派我们自己的人去，这事得联合国出面。”

说到做到，调查生产化学武器和核武器的秘密工厂的研究人员出发了。真倒霉，他们只找到了老火箭和射程最短的导弹。

“你确定射程短吗？”

“非常确定，是巴斯特巡航导弹，当年他们打伊朗的时候，我们卖给他们的。”

“该死，照打不误。那些秘密武器，我们边打边找！”

……

与此同时，对贝卢斯科尼而言，一切永远是奇妙的。没错，意大利深陷危机，物价大幅上涨，企业破产，菲亚特处于崩溃边缘。

他创办了“电视猫”[①]，这是他的真实写照。他大权在握，拟定对他有利的法律，制定让他不吃官司的规则，颁布对他的电视网有利的法令。但是，我们知道，太阳也会落山，每颗星星都会迎来夜晚。

镇定，历史向前进，我们只能等待，自觉地、明智地、认真地等待。在这个社会里，消散在遗忘中的人是只死猫。

一切都在变，一切都可以逆转

自由科学家们——更确切地说，不从属于任何经济和工业游说团体

① 意大利电视奖，相当于美国的艾美奖。——译者注

的科学家们——以稳定的节奏，发出关于地球状况的惊人警告。

他们拼命地警告我们，空气污染已超过警戒线，从东方到美洲，从澳大利亚到非洲，地质灾害和极端天气频繁发生，这是大气和地表温度长期失衡造成的。

他们举办国际研讨会，专家警告说，北极和南极的冰川正在过度融化。

他们指出，如若不采取强有力的补救措施，过些年，海平面上升，从地中海到大西洋，从太平洋到印度洋的海岸将被淹没，数百个城市将被海水吞噬。

大部分工业国家的总统要对即将到来的灾难负主要责任，可是，他们带着一种罪犯般的无意识，从不回应来自世界各地数百万抗议者的呼吁，一直装聋作哑，还装瞎。

然而，袖手旁观的人太多了。这种不作为并非源自流行的冷漠，而几乎完全是无知和错误消息导致的。有人说得很对，今天的大众媒体，尤其是电台和电视台，是错误消息的载体，或者是“转移大众注意力的武器”。

这就是学习历史很重要的原因，这就是为什么我们发现，关于知识和科学的书太少，有的话，也往往写得很差，甚至是错误的，主要目的在于安抚大众。有这样一句名言：科学既没有正面，也没有反面。公共福利需要牺牲品，历史告诉我们，有史以来，有人命令，就有人服从，世界就是这样的，无法改变，必须适应。

不要被这些谎言困住。

我改写一下伽利略的话，我告诉你们："一切都在变，一切都可以逆转。"